Christa Maria Marpert, Jahrgang 1963, wuchs in Raesfeld im Münsterland auf und ist Ärztin für Innere Medizin. Heute lebt sie am Möhnesee.

Seit vielen Jahren schreibt sie Prosa und Lyrik in großer Bandbreite. Zu ihren literarischen Vorbildern zählen Erich Kästner, Joachim Ringelnatz und Mascha Kaléko. Ausgewählte Texte wurden bereits in verschiedenen Anthologien und Zeitschriften sowie im WDR-Hörfunk veröffentlicht.

Das LESEBÄNDCHEN ist ihre erste eigene Publikation.

Impressum

© 2016 Christa Maria Marpert
Projektbegleitung: Bettina Jungblut M. A., Soest
Gestaltung: Dipl.-Des. Betina Hebinck, designfallsreich, Soest
Herausgeber: Kulturverein Möhnesee e. V.
Verlag: tradition GmbH, Hamburg

ISBN: 978-3-7345-6501-4

Printed in Germany

Christa Maria Marpert

LESEBÄNDCHEN

 tredition®

Vorwort

Mit der Veröffentlichung von Gedichten, Geschichten und Glossen aus Christa Maria Marperts kreativem und mit Augenzwinkern geschriebenem Repertoire stellt der Kulturverein Möhnesee e. V. das LESEBÄNDCHEN vor.

In diesem Buch können Freundinnen und Freunde der Autorin nun die Texte nachlesen, die in den vergangenen Jahren zahlreiche Zuhörer erfreuten. Mal mit Herzenswärme, mal mit staubtrockenem Humor zeigt Christa Maria Marpert Details aus der Umwelt und der ganz normalen Wirklichkeit auf, was oftmals in skurrile Erkenntnisse und Situationen mündet. Stets überrascht sie mit ungewöhnlichen Wendungen und Pointen.

In Gabriel Laubs Aphorismen steht geschrieben: »Die findigen Autoren sind die, die nichts suchen.« Zu diesen gehört Christa Maria Marpert.

Michael Winkelmann
Vorsitzender des Kulturvereins Möhnesee e. V.

und von allen
Bäumen hört man tirilieren
... sind verloden
<u>Turbu-Lenz</u>

da, der Turbu-Lenz!
hab' endlich die Advents-
...dero ~~aufgebaut~~ ~~verstaut~~
...er Stollen ist verdaut
die Hormone wallen
...e glücklich, wie ~~auf~~ ~~was~~ allen
...~~die~~ Vöglein, ~~mutig~~ tirilieren
...preise ~~...~~ intonieren
...wieder Frühlingslieder
frisch und fröhlich

...   Miede
...   bieder
...   stief   des Sache. Ji
...aufen ihre Glieder   gefiede
...ein zarte Strahl der Sonne, glieder
eine, labsal / welche Wonne!   niede
...ist jetzt pure Wonne!

st es da, der Turbu-Lenz!

»Nix äss Quinten inne Kopp!«, hätte August gesagt
und sich mit einem breiten Grinsen abgewandt.
Und Katharina? Sie hätte still in sich hineingelächelt.

Den beiden – meinem Vater und meiner Mutter –
widme ich dieses Buch.

Inhalt

Der Liebreiz der Sprachen

Denkzeit

Was nützt es, wenn ich lamentiere,
am Schreibtisch sitze und sinniere,
stundenlang auf Zettel stiere,
mit Kritzelei'n ein Blatt beschmiere,
mit bunten Stiften es verziere
und meine Umwelt karikiere?

Könnt' schreiben über Musketiere, Füsiliere, Offiziere,
Tiere, Biere, Wanderniere,
Pioniere, Passagiere,
Juweliere, Golfturniere ...

Doch ich merk, wie ich stagniere,
mich selbst mit Fragen bombardiere,
den roten Faden ganz verliere,
Schreibblockade konstatiere,

dann große Dichter imitiere,
gedieg'ne Sätze formuliere,
mit Adjektiven noch garniere,
Land und Leute porträtiere,
Beziehungen verkompliziere,
Rätsel löse, kombiniere,
Weltgeschichte phantasiere,
über Zukunft spekuliere,

meine Texte revidiere,
glätte, kürze, renoviere
und in Versform kondensiere,

das Resultat dann konserviere,
vor fremden Menschen deklamiere.

Ich kämpfe, streite, rebelliere,
Geistesfreiheit propagiere,
Widersprüche provoziere,
zu Übertreibungen tendiere,
womöglich gar polemisiere,
das Ganze endlich publiziere,
auf Tadel wütend reagiere,
der Freunde Schar so dezimiere,
doch tu, als ob mich nichts tangiere,

mich von der Menschheit isoliere,
zuletzt womöglich prozessiere,
Kraft und Nerven investiere,
letztlich nur noch vegetiere,
klage, schreie, schwadroniere,
mein Leiden so dramatisiere
–
genug!

Ich hab genug, kapitulier
vor einem leeren Blatt Papier.

Als ich schreiben lernte

Als ich schreiben lernte, gab es noch Schiefertafeln und quietschende Griffel. Ich hatte mich so sehr darauf gefreut! Und jetzt, schon am ersten Tag, gab es Theater.

Ich wusste bereits vom Kindergarten her, dass man nicht mit links malen darf. Warum? Darum! Alle malen mit rechts. Mein Onkel Jakob war dumm. Bei seinem letzten Besuch hatte er eines meiner Bilder gelobt. Dabei hatte ich es mit links gemalt, als ich allein in der Stube saß und niemand zum Schimpfen da war.

Schreiben durfte man auch nicht mit links. Das hätte ich mir ja denken können! Gut, ich würde es auch mit rechts lernen, um in der großen Klasse mit 48 Kindern nicht aufzufallen. Schließlich hatte ich schon Glück gehabt, dass ich überhaupt in die Schule durfte. Die Schulärztin wollte mich noch ein Jahr im Kindergarten lassen, weil ich so dünn war. Aber die Rektorin sorgte dafür, dass ich »auf Probe« eingeschult wurde. Da konnte ich ihr jetzt keine unnötigen Scherereien machen. Es klappte ja auch ganz gut. Nur mit Papa gab es ständig Ärger, weil die Füllfedern dem Druck meiner verkrampften rechten Hand nicht standhielten.

Und ich konnte endlich lesen! Sonntags ging ich zur Bücherei. *Försters Pucki*, *Fünf Freunde*, *Hanni und Nanni*, die *Was ist Was?*-Bücher. Ich verbrachte die Nachmittage auf unserem Sofa und las und las und las. Meine Geschwister freuten sich, weil ich so die unbeliebte Aufgabe übernahm, das Haus »aufzupassen« und ans Telefon zu gehen, wenn die Eltern unterwegs waren. Jetzt machte es mir nichts mehr aus, dass in meiner Straße keine gleichaltrigen Kinder wohnten.

Im Sommer reiste ich nach Saltkrokan, erforschte Pyramiden,

zähmte den wilden Mustang und wusste, dass ich eines Tages selber Geschichten schreiben würde, spannend, schön, traurig – ein herrlicher Gedanke für ein schüchternes kleines Mädchen mit Schielklappe und einem von der Schwester geerbten, viel zu großen Rock mit Hosenträgern.

Fritz mit Gips

Fritz mit Gips.
Gips ist pink.
Gips ist schick!
Gips ist dick!

Fritz schwitzt.
Wirt: »Pils, Fritz?«
Fritz nickt.
Wirt bringt.

Fritz trinkt.
Fritz singt.
Pils kippt.
Pils rinnt.

Pils im Gips.
Igittigitt!

inspiriert von Ernst Jandl: »Ottos Mops«

Der Liebreiz der Sprachen

Schon im 18. Jahrhundert bereiste Goethe Italien, und im 19. Jahrhundert besuchte jeder einigermaßen betuchte Engländer für mindestens ein Jahr den Kontinent. Souvenirs und geistige Güter wie Sinneseindrücke und schöne Wörter erinnerten noch Jahrzehnte später an die sogenannte *Grand Tour*.

1939 begann mein Vater, eher unfreiwillig, seine Grand Tour, die ihn unter anderem nach Frankreich und Russland führte. Er brachte nicht nur Hammerzehen und Hühneraugen, sondern auch Kenntnisse der jeweiligen Landessprachen mit nach Hause und gab diese später großzügig an seine Kinder weiter. Mein erstes russisches Wort hieß *Tibalublukaksabaka-palki*. – »Ich liebe dich wie der Hund den Knüppel.« Inwiefern das ein kriegswichtiger oder zumindest nützlicher Begriff war, konnte ich bislang nicht herausfinden. Das erste französische Wort lernte ich noch vor der Einschulung: *Awehwuhdesöff?* Es beeindruckte mich genauso sehr wie das russische, denn wir Deutschen brauchen viel mehr Wörter, um den Inhalt wiederzugeben: »Haben Sie Eier?« Warum sich dieser Ausdruck meinem Vater einprägte, kann man leicht nachvollziehen.

Die meisten Vokabeln aus sechs Jahren Französischunterricht sind im Nirwana meines Gedächtnisses für immer verschollen, aber neben dem schönen Wort meines Vaters ist ein anderes hängengeblieben: *armoire consigne automatique* – automatisches Gepäckschließfach. Einen praktischen Nutzen habe ich davon im Frankreich-Urlaub allerdings nie gehabt. Anscheinend habe ich die Vorliebe meines Vaters für lange, schwierige und größtenteils absolut überflüssige Wörter geerbt, und im Medizinstudium konnte ich sie nach Herzenslust ausleben.

In der Terminologie lernten wir zunächst einfache lateinische Wörter wie *Arteria, Fascia, Nervus*, in der Anatomie dann komplizierte Bezeichnungen wie *Musculus omohyoideus, Processus stylomastoideus* oder *Adminiculum ossium pubis*. Wenn Sie in einer Universitätsstadt auf junge Menschen treffen, die starren Blickes durch die Straßen laufen und Sprüche wie »Theo Lingen fabriziert phantastisch stinkende Ochsenschwanzsuppe aus toten Mäusen« vor sich hin murmeln, wundern Sie sich nicht! Es sind nur Medizinstudenten, die die Äste der Hauptschlagader am Hals mit Hilfe einer Eselsbrücke auswendig lernen: *Arteria thyreoidea superior, Arteria lingualis, Arteria facialis, Arteria pharyngea ascendens* und so weiter. Im Hauptstudium kam der Härtetest: Es galt nicht mehr nur, sich die oben erwähnten komplizierten Ausdrücke einzuprägen, sondern sie auch nach Genuss von alkoholischen Getränken in steigenden Dosierungen fehlerfrei aufzusagen. Dieses freiwillige jahrelange Training wurde weder finanziell noch materiell von der Universität oder durch Stipendien gefördert.

Heutzutage ist der Erwerb eines umfangreichen fremdländischen Wortschatzes sogar im heimischen Wohnzimmer möglich. Zum Beispiel beherrschte im Jahr 2010 ein wunderschönes isländisches Wort die Schlagzeilen. Sie wissen schon, der legendäre *Eyjafjalla-dingsbums*, dieser Vulkan, der damals den europäischen Flugverkehr weitgehend lahmlegte und ökonomische und ökologische Auswirkungen erheblichen Ausmaßes hatte. Ganz wie es sich für einen Vulkan mit einem solchen Namen gehört – was ist dagegen ein Ätna oder ein Vesuv? Bei Wikipedia wird von einem Isländer die richtige Aussprache dieses Namens demonstriert, aber leider nicht in Zeitlupe. So kann ich nur berichten, dass der Isländer dazu 1,2 Sekunden braucht – ich hingegen wesentlich länger.

Aber warum überhaupt in die Ferne schweifen? Auch die deutsche Sprache hat ihren Liebreiz, wie schon Mark Twain erkannte, und nur die Deutschen bilden so wunderschöne Wortschlangen wie *Waffenstillstandsunterhandlungen*.

Ich verfüge über eine kleine private Sammlung solcher Wortschlangen wie zum Beispiel *Steuerhinterziehungsbekämpfungsgesetz* oder *Bundesverfassungsgerichtspräsidentin*. Mein persönliches Wort des Jahres 2006 war *Putenoberkeulenrollbraten*. Den gab es im Stadtkrankenhaus alle vierzehn Tage. Ich esse vorzugsweise vegetarisch, aber diesen schönen Ausdruck lasse ich mir immer mal wieder auf der Zunge zergehen. Am 19. November 2011 war dem Anzeiger zu entnehmen, dass der Kreis Soest über eine *Kreisschlauchpflegerei* verfügt. Auch dies hat mich schwer beeindruckt.

Mit einem gewissen lokalpatriotischen Stolz kann ich *mein* Wort des Jahres 2012 verkünden: In Körbecke verfügen wir seit einiger Zeit über ein *Holzhackschnitzelheizkraftwerk*!

Dieses *Holzhackschnitzelheizkraftwerk* ist nicht nur im wirtschaftlichen, sondern auch im sprachlichen Sinne ausbaufähig. Da es unter anderem der Versorgung der Verbundschule mit Nahwärme dient, kann man es als *Verbundschulennahwärmeversorgungsholzhackschnitzelheizkraftwerk* bezeichnen. Weil wir Deutschen nicht nur eine Schwäche für Wortschlangen, sondern ebenso einen ausgesprochenen Sinn für Ordnung und Organisation haben, wird sicherlich über kurz oder lang eine Verwaltung eingerichtet, also eine *Verbundschulennahwärmeversorgungsholzhackschnitzelheizkraftwerksverwaltung*.

Ein so großes Projekt wie die Verwaltung eines *Verbundschulennahwärmeversorgungsholzhackschnitzelheizkraftwerks* braucht in jedem Fall eine Leitung und Oberaufsicht, also einen *Verbundschulennahwärmeversorgungsholzhackschnitzelheizkraftwerksverwaltungsleiter* beziehungsweise eine *Verbundschulen-*

nahwärmeversorgungsholzhackschnitzelheizkraftwerksverwaltungs-leiterin.

Und auch das wäre noch ausbaufähig! So können wir in Körbecke der zukünftigen Versorgung unserer Gemeinde mit Nahwärme und Wortschlangen in aller Gelassenheit entgegensehen.

Turbulenzen

Es turbulenzt in meinem Hirn,
und die Gedanken schlagen Salti!
Wen wundert's da, wenn ich alsbald die
Nerven und Geduld verliere,
krause Flausen spintisiere
und wirres Zeug auf Zettel schmiere?

Wie soll ich dieses Chaos lichten
und was Vernünftiges erdichten,
wie von Lust und Liebe schwärmen,
wenn im Kopf Gewitter lärmen?

Ideen drehen Kapriolen,
soll sie doch der Teufel holen!
Der nimmt das wörtlich – ach, zu dumm,
jetzt herrscht im Großhirn Vakuum!

wartezimmer
wartezimmer
wartezimmer
wartezimmer
wartezimmer
wartezimmer
wartezimmer
        warte immer
        warte immer
        warte immer
        warte immer
        warte immer
        warte immer
        warte immer

          zzzzzzz ....

Eisenbahnsonett

Ein Bimmelbähnlein bummelt durch Westfalen,
ein Land, so flach, so lieblich, so adrett.
Das Bähnlein fährt durch Soest, durch Hamm, durch Ahlen,
und ich sitz drin und schreibe ein Sonett.

Die Räder rattern in perfekten Jamben,
und auf den Feldern leuchtet gelb der Raps.
Ach, spielten jetzt zwei Geiger ihre Gamben,
spendierte ich auf diesen Reim 'nen Schnaps!

In allen Gängen sitzen stehend Leute,
nicht schweigend, leider, ins Gespräch vertieft,
denn in sein Handy brüllt ein jeder heute,
und wer nicht brüllt, der pöbelt, mieft und schnieft!

Endlich, spätnachts, am Ziel, ich kann nicht mehr,
mein Horror: öffentlicher Nahverkehr!

Wattradgedanken

Joachim Ringelnatz, dem in Cuxhaven ein schnuckliges kleines Museum gewidmet ist, sagt in einem Gedicht: »Wieder lernen, wie man am Blatt, wie man am Steinchen sich freut.« Dazu ist ein Urlaub in Cuxhaven die allerbeste Gelegenheit. Beim Radfahren am Meer oder am Watt entlang sieht man Dinge, die zuhause im normalen Alltag vielleicht gar nicht auffallen, die kleinen Dinge, die das Leben doch lebenswert machen, zum Beispiel eine Pommesbude.

Was macht eine Pommesbude lebenswert? Dem ein oder anderen ist vielleicht bekannt, dass ich eine gewisse Schwäche für den Liebreiz der Sprachen habe, und in dem Wort *Pommesbude* vereinigen sich zwei Sprachen – ich will nicht sagen »aufs Köstlichste« – aber immerhin vereinigen sie sich. Ein Sinnbild der deutsch-französischen Freundschaft! Apropos Freundschaft: In dem Wort *Frittierfett*, ohne das diese Bude keine Daseinsberechtigung hätte, kommt jeder Buchstabe mindestens zweimal vor, nicht einer ist allein. Wenn man das auf unser menschliches Leben überträgt – welch tröstlicher Gedanke!

Die nächste Bude bietet in vier Wörtern gleich drei Sprachen dar: *Crêpes und Coffee Shop.* Und vor dieser wahrlich internationalen Bude sitzt eine ältere Dame und trinkt einen *Latte macchiato* – die vierte Sprache! – neben ihr ein Stoffkoffer, einer von der Sorte, die ich lange ausgestorben wähnte. Nicht kleinkariert, nein, großkariert ist er, traditionell in Blau-Grün-Rot. *Stoffkoffer*: Zwei *o* und ganze vier *f* beherbergt dieses Wort. Da kann kein Hartschalenkoffer mithalten – und welche Geheimnisse mag er in seinem Inneren hüten?

Ach ja, und die Ortsnamen dort oben sind reine Poesie: Butjadingen, Stickenbüttel … Wer will da noch nach Paris oder New York? Nur eine Reise an den Niederrhein wäre eine echte Alternative! Dort steht im Wohnzimmer meiner Freundin Beate mein absolutes Lieblingswort: ein *Stresslesssessel*. Dank der Rechtschreibreform besteht dieses in jeder Hinsicht prachtvolle Wort zu 50 % aus *s*, zu 25 % aus *e* und zu 12,5 % aus *l*. (Wenn ein Chinese drinsitzt, sind es sogar 18,75 %.) Allerdings gehe ich davon aus, dass Chinesen und Lispler nicht ganz so viel Freude an einem *Stresslesssessel* haben wie ich. Und: Dieses Wort darf keinem Schwaben in die Hände fallen, sonsch isch die ganze schöne Schdadischdik im Eimer!

Schwaben! Wie bin ich denn jetzt dahin gekommen? Ach ja, Ringelnatz. Genau wie ich hat sich Ringelnatz am Liebreiz der Zahlen erfreut:

»Und dann lächelt alles froh
im statistischen Büro.«

Dichterische Freiheit

Ein Satz, ein Wort – schon sprudeln die Gedanken,
sie rattern, rasen, rauschen durch mein Hirn,
da geht die Post ab, da fall'n alle Schranken,
und ich steh da und seh mein Universum explodier'n.

Ich schreibe fremde Typen und Verwandte,
doch keiner funktioniert, wie ich es will,
meist kommandiert wie früher meine Tante,
ach, schwiege sie nur endlich einmal still!

Nein, meine Leute lassen's richtig krachen,
und *sie* diktieren, wie die Story läuft.
»Wen schert das Chaos? Das ist was zum Lachen!«
Wen schert die Schreiberin, die drin ersäuft?

Doch kann ich mich – zum Glück –
mit einem Bleistift wehren:
Ich habe hier das allerletzte Wort,
und so begehe ich – in allen Ehren –
gelegentlich 'nen klitzekleinen Mord.

Im Jahresverlauf

Februar

Eiskalter Regen
peitscht hart mir ins Gesicht.
Ich freu mich dem Frühling entgegen.

Die Kerze

Die Kerze neigt sich
in Ehrfurcht vor der Sonne
Frühlingsanfang

Der Turbu-Lenz

Nun ist er da, der Turbu-Lenz!
Auch ich hab endlich die Advents-
und Weihnachtsdeko abgebaut,
der Dresdner Stollen ist verdaut.
Ich spüre die Hormone wallen
und lausche selig, wie auf allen
Bäumen Vöglein tirilieren!
Selbst Mummelgreise intonieren
frisch und fröhlich Frühlingslieder,
recken ihre steifen Glieder
im milden Schein der Märzensonne,
welch eine Labsal, welche Wonne!

Nun ist er da, der Turbu-Lenz!

Komm, lieber Mai

Von zwei kräftigen Männern mit breiten Ledergurten getragen, schwebt es scheinbar mühelos zu mir in den zweiten Stock. Durch die Wohnungstür, um die Ecke ins Wohnzimmer und dort direkt in die Nische neben der Balkontür. Eigentlich gebührte ihm ein Ehrenplatz, eine komplette Wand ohne Schräge, aber das kann ich nicht bieten. Die Männer ruckeln es zurecht, einer spielt routiniert *Ballade pour Adeline* – kitschig, aber schön – und dann sind wir allein. Endlich!

Das Klavier fügt sich in mein Wohnzimmer, als sei es schon immer dagewesen, und erfüllt den Raum mit einem dezenten, eigenen Duft. Ich streichle das schwarz polierte Holz und puste die ersten winzigen Staubkörnchen herunter. Dann rücke ich die Klavierbank heran und drehe an den runden Knäufen, bis ich optimal sitze.

Aus der spiegelnden Oberfläche zwinkert mir mein Zwilling zu.

Zum ersten Mal schließe ich den Deckel und öffne ihn gleich wieder. Nicht zu leicht, nicht zu schwer, gerade richtig! Die Leiste für das Notenblatt, schwarzsamten wie ein Maulwurfsfell, die glänzenden Beschläge und der Namenszug in silbernen Lettern ...

Schüchtern begrüße ich das eingestrichene *c*. Es krabbelt in meinen Finger, dann den Unterarm hoch, *d*, *e* und *f* mit ihren Akkorden folgen.

Jetzt wage ich mich in die Tiefen, an die Tasten ganz links. Die äußern sich erst, als ich mutiger werde und kräftig drücke, *piano*, *forte*, *fortissimo*! Die Töne rauschen durch den Boden in meine Füße, die Beine hinauf bis in den Brustkorb, wo es kribbelt wie nach meinem ersten Sieg beim Langstreckenlauf, nur noch schöner. Behutsam senke ich den nackten Fuß auf das rechte Pedal und versinke im Tosen und Brausen der Töne.

Die ersten kleinen Übungen aus dem Klavierunterricht, danach mein Lieblingsstück: *Komm, lieber Mai.* Meine Finger spazieren, flanieren, lustwandeln über die Tasten, werden schneller, hüpfen übermütig an dem schmalen grünen Filzstreifen zwischen Tastatur und Holz entlang, zuletzt tanzen sie sogar, die ganzen fünf Strophen, und dann all die Strophen, die nicht im Liederbuch stehen, bis irgendwann neben dem Parfüm des Klaviers ein anderer, blumiger Duft meine Nase kitzelt.

Mein Blick fällt nach rechts, ans obere Ende der Klaviatur, und dort, im Reich des höchsten Diskants, wohin meine Finger sich bislang nicht vorgewagt haben, zwischen dem viergestrichenen *g* und dem *a* lugt ein winziges zartlila Veilchen hervor – mitten im September!

Frühlingslied

Weidenkätzchen schnurren leise
Maienglöckchen stimmen ein
Eine kleine Frühlingsweise
Unke quakt den Bass allein

Maienglöckchen stimmen ein
Tausendfüßler spielt die Geige
Unke quakt den Bass allein
Birke räkelt faul die Zweige

Tausendfüßler spielt die Geige
Dompfaff schmückt sich sonntagsfein
Birke räkelt faul die Zweige
Grille zirpt im Musenhain

Dompfaff schmückt sich sonntagsfein
Morgentau putzt Löwenzähne
Grille zirpt im Musenhain
Kuckuckskind macht Ausflugspläne

Morgentau putzt Löwenzähne
Finger trägt schon wieder Hut
Kuckuckskind macht Ausflugspläne
Löwenmäulchen brummt: »Nur Mut!«

Finger trägt schon wieder Hut
Erste Sonnenschirme blühen
Löwenmäulchen brummt: »Nur Mut!«
Pelargonienblüten glühen

Erste Sonnenschirme blühen
Pusteblumenschirmchen schwebt
Pelargonienblüten glühen
Radnetzspinne spinnt und webt

Pusteblumenschirmchen schwebt
Weidenkätzchen schnurren leise
Radnetzspinne spinnt und webt
Eine kleine Frühlingsweise

Sommermorgen

Sie liegt auf einer dieser unverschämt grünen englischen Wiesen an einem klaren Bach, neben ihr zwei alte Herrschaften, die direkt vor ihrem betagten Ford auf Klappstühlen sitzen, beide mit Strohhut, in eine Zeitung vertieft. Auf einem Klapptisch stehen eine Thermoskanne, zwei Porzellantassen und eine Keksdose, *Walkers* natürlich.

Da piept der Wecker, hochfrequent und unerbittlich.

Sie stürzt zurück ins Leben, nicht sanft und unmerklich, wie sie es beim Einschlafen verlassen hat. Es ist eine Bruchlandung in einem Haufen nicht erledigter Arbeiten und Ängste, in einer Welt von Anträgen, Formularen und Terminen.

Sie fällt in ein Leben, das sie sich *so* nicht ausgemalt hatte.

Den letzten Gedanken möchte sie greifen, in ihren Alltag hinüberretten. Ganz behutsam muss sie sein, wie man einen Schmetterling fängt. Sich leise herantasten, sanft die Finger um ihn schließen, das Schwirren seiner Flügel an den Handinnenflächen fühlen.

Noch im Nachthemd, ohne Brille, tappt sie auf den Flur, öffnet Schlafzimmer- und Wohnzimmertür mit dem Ellbogen. Die Balkontür stand über Nacht offen. Sie tippt auf den Schalter, die elektrische Rolllade gleitet nach oben. Die *Schwarzäugige Susanne* macht gerade die Augen auf und zwinkert ihr zu.

Sie setzt sich auf ihre grüne Bank, öffnet langsam einen Finger nach dem anderen.

Einen Moment lang bleibt er auf ihrer Hand sitzen, als glaubte er noch nicht an die Freiheit. Sie spürt sein kleines Herz pochen.

Dann fliegt er zu der rosa Hortensie, nimmt einen großen Schluck Nektar und schwebt davon, satt und zufrieden, ihr wunderbarer Gedanke.

Urlaubspost

Nach acht Jahren fahre ich im Sommer 2013 zum ersten Mal wieder richtig in Urlaub! Und da fragt mich doch eine Freundin, ob ich ihr eine Postkarte schicke.

Eine Postkarte?

Ich verreise sieben Tage. Ich will Fahrrad fahren, wattwandern und den dritten Band von Erwin Strittmatters *Laden* lesen, 477 Seiten. Im Gepäck sind außerdem ein Sudoku-Heft, Häkelzeug und meine neue Kamera samt Gebrauchsanweisung von 384 Seiten. Bei schlechtem Wetter gehe ich ins Schwimmbad.

Wann, bitteschön, soll ich Karten schreiben?

Außerdem: Wenn ich *einer* Freundin eine Karte schicke, wollen alle eine, und die liebe Verwandtschaft sowieso. Das ist ein Fass ohne Boden! Ich verspreche keine Karten, die ich nicht halten kann!

Im Zeitalter von Facebook ist eine Ansichtskarte ein evolutionärer Rückschritt wie ein rudimentärer Schwanz. Ich werde meine schönsten Fotos mit Kommentar ins Internet stellen, da kann jeder gucken, der möchte.

Selbst wenn ich eine Karte schriebe, was sollte ich schon mitteilen?

Dass das Wetter gut, das Hotel hervorragend und das Frühstück üppig ist? Das kann sie sich doch denken. Und wenn dem nicht so wäre, würde ich es nicht zugeben. Dass der Strand sauber ist, alle zweihundert Meter eine weiße Bank steht und man an jeder Ecke gepflegte sanitäre Anlagen findet, so dass ich die Kurtaxe gerne bezahle? Da hält mich jeder, der die Karte liest, Briefträger, Ehemann, Putzfrau, für einen absoluten Spießer. Bin ich auch, aber das muss doch nicht jeder wissen!

Endlich sitze ich auf der Terrasse des Strandcafés direkt am Meer, besser gesagt an dem Ort, an dem sich das Meer in ein paar Stunden wieder einfinden wird. Während ich auf den Cappuccino warte, fällt mein Blick auf einen Ständer mit Ansichtskarten. Na gut, *eine* schreibe ich, hab ja gerade nichts zu tun.

Erste Zeile: Datum.

Zweite Zeile: Anrede.

Dritte Zeile: »Viele Grüße aus dem sonnigen Cuxhaven.«

Große Buchstaben, große Zeilenabstände, und die Karte ist halb voll.

Um mich herum Geschirrklappern, Kaffeeduft, vom Strand her Kinderrufen, Gemurmel ... Strandgemurmel ... hört sich anders an als Freibadgemurmel, erst recht anders als Hallenbadgemurmel.

Damit kenne ich mich aus. Je nach Wochentag, Jahres- und Uhrzeit gibt es deutliche Unterschiede wie frühmorgendliches Sportrentnergemurmel, nachmittägliches »Ich-verdien-mir-ein-Stück-Torte«-Gemurmel üppiger Damen mit blumenbewehrten Gummibadehauben und so weiter; aber auch bei anderen Arten wie zum Beispiel dem Hotelfrühstücksgemurmel muss man fein unterscheiden. Überhaupt sollte man die verschiedenen Einflussgrößen auf Qualität und Quantität eines Gemurmels dringend wissenschaftlich untersuchen.

Noch eine Frage: Wie beschreibt man ein Gemurmel?

Darüber haben sicher schon schlaue Köpfe nachgedacht, unter anderem die schriftstellernde Freundin, die meine erste und einzige Cuxhaven-Postkarte bekommt. Falls nicht, könnten wir nach den Ferien zusammen eine Beobachtungsstudie durchführen, beginnend nachmittags im Hallenbad und danach auf den Spuren der üppigen Damen mit dem »Aber-bitte-mit-Sahne-Gemurmel« in einem schicken Café. Das schreib ich ihr gleich.

Das »Ich-verdien-mir-ein-Stück-Torte«-Gemurmel beansprucht wie seine Urheberinnen viel Raum. Buchstaben und Zeilenabstände werden immer kleiner, ein kalligraphisches Decrescendo.

Trotz aller Mühen – ich habe keinen Platz mehr und noch so viel zu erzählen. Am unteren Rand der Karte ist ein Strich, darunter ungenutzte weiße Fläche ...

Reicht nicht!

Das vorgegebene Adressfeld ist viel zu groß für Inlandspost. Drei Zeilen genügen. Wenn die Postleitzahl leserlich ist, kann man den Ortsnamen durch etwas Wichtigeres ersetzen.

Straße, Hausnummer? Mein Adressbuch ist im Hotel. Wo sonst?

Ich kringele in Blau eine Wolke um die Stelle, wo die Anschrift später hin soll. Glücklicherweise habe ich einen Vierfarbkuli dabei.

Ich schreibe schwarzen Text in die vierte Zeile des Adressfeldes, drehe die Karte um 90°, weiter geht es neben dem Adressfeld ...

Reicht nicht!

Links oben neben dem kleinen grauen Quadrat für die Briefmarke ist noch Platz. Ich male einen langen Strich vom letzten Wort an der Seite des Adressfeldes hoch und dann im rechten Winkel oberhalb der Briefmarken-Planstelle vorbei, versehe ihn mit einem dicken Pfeil, da geht's weiter im Text.

Prima, alles drauf!

So sitze ich vor meinem Cappuccino, gucke ins Watt und denke tiefsinnige Gedanken ... Nicht eine Nordseewelle spült an den Strand, aber in meinem Hirn strömen statt scharfzackiger Stress-Gamma-Wellen die harmonischen Alpha-Wogen der Kreativität, und schwupps, da ist er, mein erster Nordsee-Zweizeiler.

Der passt genau in die Freiräume zwischen den ersten drei Zeilen. Auf dem Kopf und in Grün, das kann jeder lesen!

Stolz betrachte ich mein Werk. Ein wenig unkonventionell, vorsichtig formuliert.

»Was ist denn das für ein Geschmier? Wenn das deine Deutschlehrerin sähe!«

Na klar, mein innerer Spießer! Wer hat den eigentlich hierher eingeladen? Das bleibt, wie es ist.

Nach einer Pause im Hotel gehe ich zum Briefmarkenkauf ins Dorf. Es gibt eine winzig kleine mit Blümchen und eine von Janosch, mit Segelschiff, Tigerente und Tiger, passend zum Nordseeurlaub.

Die Karte steckt in der Fototasche im Hotel, also zurück.

Mist, Janosch ist zu groß für das graue Quadrat. Was tun? Auf die Planstelle in Rot *b.w.* schreiben und die Marke vorne auf das Bild von Cuxhaven kleben?

Das kapiert kein Postleseautomat.

Zerschnippeln und die einzelnen Teile an freie Stellen kleben?

Es gibt keine freien Stellen.

Noch einmal abschreiben?

Nein, ich mache einen Brief draus! Dann kann ich ein Zettelchen extra vollschreiben, und niemand außer der Adressatin sieht die chaotische Karte.

Aber 45 Cent Porto reichen nicht für einen Brief.

Sie malen sich jetzt sicher aus, wie ich eine 13 Cent–Marke dazukaufe, ein bisschen was schreibe, kein Ende finde, mein übergewichtiger Brief mit 58 Cent unterfrankiert ist ...

Nein, nicht mit mir! Wenn Urlaubspost, dann richtig. Ich kaufe eine zweite Janosch-Briefmarke, Umschlag und Papier und erzähle alles, wirklich alles, was bisher passiert ist:

Dass ich am Strand zwei Topflappen aus blutrotem Seemannsgarn gehäkelt habe, und dass man das Meer rauschen hört, wenn man sie sich ans Ohr hält. Dass bei mir merkwürdige körperliche Symptome auftreten: Joachim Ringelnatz berichtete seinerzeit über Nasenflügelbeben, *ich* spüre Nasenspitzenschmerzen. Kein Sonnenbrand – mein Riechorgan sieht völlig normal aus –, aber wegen der fantastischen Sonnenuntergänge habe ich die Kamera ständig im Anschlag, die drückt die Nase nach links. Langfristig droht eine Nasenscheidewandverkrümmung!

Und ich habe noch etwas, das nach seiner Erstbeschreiberin benannte *Schreckenbergsche Inselgrinsen*. Es befällt prädisponierte Urlauber während des Aufenthalts auf einer Nordseeinsel. Bei mir bewirkt der bloße Anblick der Insel Neuwerk im Abendlicht ein langanhaltendes beseeltes Grinsen!

Das wird ein dicker Brief.

Adresse und Absender drauf, Postwertzeichen oben rechts, fertig!

Ich überschlafe alles und prüfe dann, ob ich im Überschwang der Gefühle irgendwelchen Unfug geschrieben habe. Nein, für meine Verhältnisse ist es in Ordnung.

Zukleben, ab die Post!

Ach nein, etwas habe ich vergessen, das kommt als PS hinten auf den Umschlag: »Dieser Urlaubsbrief muss für die nächsten zehn Jahre reichen. Teile ihn dir gut ein!«

Wattlyrik

In der Fremde
Der Münsterländer denkt im Watt:
»Wie zuhause, alles platt!«

Nabelschau
Durchs Watt marschiert ein langer Strich,
und dieser lange Strich bin ich.

Windgedanken
Wenn der Wind von Osten bliese,
hätten wir 'ne steife Brise.
Warum nur steht hier Konjunktiv?
Na klar, sonst wär der Reim doch schief!

Wattstimmung
Im Watt herrscht heute schlechte Stimmung,
der Muschel geht es richtig mies.
Der Seestern muss mal wieder sticheln,
der ist gemein, der ist so fies!
Da lobe ich mir den Seeringel-
wurm, der macht jahraus, jahrein
aus Sand erst Kot, dann kleine Kringel
und lässt die Muschel Muschel sein.

Erfahrene Nordseebesucher werden mich dahingehend berichtigen, dass die geringelten Häufchen nicht vom Seeringel-, sondern vom Wattwurm produziert werden. Das ist richtig, aber ich gebe zu bedenken, dass schon bei Christian Morgenstern ein Tier artfremde Aufgaben übernahm – das ästhetische Wiesel. Diesem Vorbild ist mein Seeringelwurm gefolgt.

Masuren

»Wir fahren ohne Brille!« Eva und ich sind uns sofort einig. Im Schlafwagen nach Warschau empfinde ich es geradezu als Gnade, *nicht* jedes Detail scharf sehen zu können. Am nächsten Morgen treffen wir unsere Reisegruppe und bekommen die Fahrräder. Lenker und Sattel einstellen, Radtaschen einhängen, Koffer ins Begleitfahrzeug, los geht's!

Urlaub in Masuren, dem Land meiner Träume. Dabei weiß ich kaum etwas über Masuren. Aber eine Gegend, an die Siegfried Lenz so zärtlich denkt wie in seinen Geschichten aus Suleyken und Bollerup, die muss einfach fantastisch sein. Und tatsächlich, der Himmel hängt hier viel tiefer als zuhause und hat genau dieses Blau, das man in den Augen und in den Erzählungen von Siegfried Lenz findet. Die Straßen sind eng und holprig, die Häuser schreien nach frischer Farbe, aber in jedem Vorgarten wachsen fröhliche Blumen, und an den Weggabelungen stehen prächtig geschmückte Kreuze und Marienstatuen. Wir durchqueren endlose Wälder, sammeln Pilze fürs Abendessen, pflücken Heidelbeeren und entdecken Seen. Seen ohne Wegweiser und Kommerz, sie werden uns einfach geschenkt! Wir stellen die Räder ab und liegen im Gras, zu faul sogar, um mit der Seele zu baumeln.

Dann fahren wir hinauf auf die Nehrung. Unser zweiter Reisebegleiter hat Tische und Bänke aufgestellt und die herrlichsten Köstlichkeiten angerichtet: frisches Brot, Schinken, Käse, Obst und Mohnkuchen, masurischen Mohnkuchen mit Streuseln groß wie Hagelkörner. Ein Picknick mit Blick auf das Haff; so viele sind dort auf der Flucht gestorben.

Darf ich an diesem Ort so glücklich sein?

Ich mache das, was ich seit meiner Kindheit am liebsten

tue, ich fahre Rad, gucke in die Gegend und denke vor mich hin. Annemarie ist völlig untrainiert, und als auf freiem Feld ein Wolkenbruch über uns niedergeht, kapituliert sie. Wir sind alle durchgeweicht, ich kann kaum noch sehen durch die Brille, aber wir müssen ins nächste Dorf.

»Du guckst, ich schiebe!«

Mit der rechten Hand greife ich hinten an ihren Sattel, trete voll in die Pedalen und schiebe sie, wie es mein Vater früher bei mir getan hat. So erreichen wir nach mehreren Kilometern den Ort – die Lahme und die Blinde. Von außen sehe ich vielleicht nicht so aus, aber von innen bin ich stark wie Pippi Langstrumpf, ich platze fast vor Kraft und Lebensenergie.

Im Storchendorf klopft unser Reiseleiter an einem kleinen Haus. Wir werden eingelassen, alle fünfzehn, tropfnass, wie wir sind. Der Teppich im Wohnzimmer wird aufgerollt, die Tische ausgezogen, und wir dürfen die nassen Socken in der Küche über den Kohleofen hängen. Dann genießen wir unser Mittagessen in der guten Stube einer freundlichen Familie in einem winzigen polnischen Ort.

Ob ich wohl fünfzehn wildfremde durchgeweichte Leute in meiner Wohnung picknicken ließe?

Ich denke nicht weiter als bis zum nächsten See, bis zum nächsten Picknick und höchstens mal bis zum nächsten Tag. Und ich trinke Wein zum Abendbrot, guten roten Wein, und nur so lässt es sich erklären, dass ich eines Morgens früh um sechs Uhr in einem Heißluftballon gen Himmel aufsteige.

Aber das wäre dann schon die nächste Geschichte.

Der liebe Gott sieht alles

Der Anfang der Geschichte

Der Anfang ist kein Problem, aber das Aufhören ...

In meiner Erinnerung stehen viele, viele Schubladen offen, einige wenige ordentlich, wie in meinem Elternhaus die mit dem guten Besteck von Tante Margret. Die meisten aber sind wie die große Rummelschublade meiner Mutter: Man zieht einen Einmachring heraus, an dem hängt ein Pfannkuchenwender, der Nussknacker, mein Kakaosieb, der Schnapsausgießer für Onkel Gustavs Doppelwacholder ...

Wie soll ich da ein Ende finden?

Ich erinnere mich

Ich erinnere mich an das Kribbeln in den Füßen, wenn ich mit meinen Rollschuhen die Brinkstraße herunterbrauste.

Ich erinnere mich an die Namenstage: die meiner Schwestern am 23. und 29. Juli, meinen am 24. Juli. Jede von uns durfte ihr eigenes Fest feiern. Nur zu diesen Anlässen holte Mutter ihr Verlobungsgeschirr mit den bunten Sternchen aus dem Schrank.

Ich erinnere mich daran, wie mich zum ersten Mal ein Patient, ein alter Bauer, fragte, ob er jetzt sterben müsse. Ich verneinte und wusste schon beim Hinausgehen, dass ich ihn im Stich gelassen hatte.

Ich erinnere mich an die Überfahrt von Kiel nach Oslo und an die Nacht in der winzigen fensterlosen Kabine, in der vier Personen und vier Koffer Platz finden mussten. Ich erinnere mich an die *Morgenstimmung* aus der Peer-Gynt-Suite, die über die Bordlautsprecher erklang.

Ich erinnere mich an den Geruch von verkohltem Fleisch auf dem abgebrannten Bauernhof und an die Kühe, die mit steif nach oben gestreckten Beinen auf dem Rücken lagen wie Spielzeugtiere.

Ich erinnere mich an die Masern, die ich ausgerechnet in den Sommerferien bekam. Aber ich bekam auch Caro-Kaffee!

Ich erinnere mich, wie wir mit Wasser in alten Spülmittelflaschen Muster auf die Straße spritzten. Der Rest aus einer fast leeren Flasche stand in einem Glas auf dem Kühlschrank. Vater hielt es für Birnensaft. Und dann schäumte er vor Wut.

Ich erinnere mich an das Piksen von Operationsfäden in meinen Augen bei jeder noch so kleinen Blickänderung.

Ich erinnere mich an den 16. August 1977, an dem meine älteste Schwester weinend vor dem Autoradio saß: »Elvis ist tot! Elvis ist tot!« Ich hatte keine Ahnung, was sie meinte.

Ich erinnere mich an heiße Sommernachmittage, an denen ich Haus und Telefon hüten musste und mit mir selber zu acht *Mensch-ärgere-dich-nicht* spielte.

inspiriert von Joe Brainard: »Ich erinnere mich«

Der liebe Gott sieht alles

Der liebe Gott sieht alles. Oder aber er hat seine Leute dafür. Sein Sohn Jesus hängt über der Küchenbank und sieht mir beim Essen zu. Er sieht auch, dass ich die Porreefäden aus der Suppe fische, das Fett vom Fleisch abschneide und Wörter aus Buchstabennudeln auf den Tellerrand lege. Entsprechend werde ich regelmäßig von den Eltern ausgeschimpft. Kein Wunder, dass so viel schiefläuft, wenn er sich mit solchen Kleinigkeiten aufhält. Ich stelle es mir sterbenslangweilig vor, jahrein, jahraus der Familie Marpert beim Essen zuzusehen und jeden Mittag ein Tischgebet zu hören, das Vater so schnell spricht, als würde man eine Langspielplatte mit 45 Umdrehungen pro Minute abspielen. Da gibt es wirklich Wichtigeres in der Welt!

Vielleicht hat Jesus gar keine Lust, bei uns herumzuhängen, und ist nur von Gottvater dazu verdonnert worden. Jesus war schließlich auch nur ein Mensch. Und womöglich war es bloß ein Anflug von Pubertät, als er mit zwölf Jahren im Tempel geblieben ist und Maria und Josef ihn drei Tage lang suchen mussten. So etwas sollte ich mir mal erlauben! Seine Antwort auf Marias Fragen war zwar nicht patzig, trotzdem gehört es sich nicht, die Eltern so in Angst und Schrecken zu versetzen. Bei Lukas im zweiten Kapitel, Vers 52, steht: »Jesus aber wuchs heran und seine Weisheit nahm zu und er fand Gefallen bei Gott und den Menschen.« Aber das kann ja keiner mehr nachprüfen. Vielleicht war es Gottvater einfach zu peinlich, zuzugeben, dass Jesus eine wilde Jugend hatte, sich mit seinen Kumpels herumtrieb, Mädchen anbaggerte und auch gern mal ein Gläschen Wein trank. Sonst hätte er damals in Kanaan nicht so bereitwillig das Wasser in Wein verwandelt. Und es war sehr guter Wein, er muss sich also ausgekannt haben!

Bei uns zuhause hängt seine Mutter Maria über Vaters Sitz-
platz, schräg gegenüber, und hat Jesus immer im Blick. Bevor
Tante Lenchen im Sommer zu uns kommt, wird er feucht ab-
gewischt, und am Palmsonntag klemmt Mutter einen frischen
Buchsbaumzweig hinter den Querbalken vom Kreuz. Und das
ist dann *sein* Höhepunkt des Jahres …

Das kleine Glück

Im Dorfladen sind die Tomaten im Angebot, zwei Pfund für fünfzig Pfennige. Und Mama hat gebacken, zwei große Weißbrote und zwei Rosinenstuten. Das ganze Haus duftet. Sie schneidet ein Weißbrot an. Die Scheiben sind exakt gleich dick. Keine Ahnung, wie sie das hinkriegt! Dann bestreicht sie eine Scheibe mit einem ganz dünnen Hauch Margarine. Papa ist zum Glück nicht da, der würde schimpfen. Wenn es nach ihm ginge, müsste ich das Zeug fingerdick aufs Brot schmieren. Mama wäscht eine Tomate, entfernt sorgfältig den Strunk und schneidet die Frucht in dünne Scheiben, wieder exakt gleich dick. Keine Ahnung, wie sie das hinkriegt! Sie legt die Scheiben aufs Brot und bestreut sie mit winzigen Zwiebelwürfeln. Sie schneidet die Schnitte dreimal längs und dreimal quer, so dass insgesamt sechzehn kleine Häppchen herauskommen. Nicht ein Tomatenstückchen fällt herunter! Das Brettchen mit dem Brot und meine Nilpferdtasse voll Kakao stellt sie mir an die Kante des Küchentisches und greift dann zu ihrem Strickzeug.

Ich setze mich schräg auf die Bank, auf den Knien das Buch *Ferien auf Saltkrokan* von Astrid Lindgren. Von ferne höre ich Mamas Stricknadeln klappern und leises Murmeln aus dem Radio. Ab und zu schiebe ich mir eines der köstlichen Tomatenbrotstückchen in den Mund, nehme einen Schluck Kakao und verschwinde wieder auf der Insel Saltkrokan. Mein Buch hat 272 Seiten. Wenn ich jeden Tag nicht mehr als neunzig Seiten lese, werde ich noch zwei Tage damit auskommen.

Und das Allerbeste: Die Sommerferien sind erst halb vorbei, aber Tante Lenchens Urlaub bei uns ist zu Ende. Sie erlaubt solche Tischsitten nicht. Nur wenn Mama und ich alleine sind, geht das. Sie ist froh, wenn ich überhaupt etwas esse, sagt sie.

Königin

Königin war ich als Kind
und reich, wie Königinnen sind,
trug Ohrringe aus Kirschrubin,
aus Gänseblümchen ein Collier,
mein Haar war schwarz wie Ebenholz,
die Haut so weiß wie Schnee.

Wo Wiese war, steht jetzt ein Haus,
mein Kirschbaum ist gefällt,
ich trage Ohrringe aus Gold,
zu groß für mich scheint oft die Welt.

Doch schon ein sanfter Sommerhauch
hilft mir den Weg zu finden,
zurück ins Kinderköniginnenreich,
ganz wird es nie verschwinden.

Papa kommt ins Krankenhaus

Unser Küchentisch steht schräg mitten im Raum. Das sieht unordentlich aus. Mama steht am Tisch.

Zwei Männer sind mit einer Trage durch die Küche und den kleinen Flur ins Schlafzimmer gegangen. Es dauert lange, bis sie wieder herauskommen. Papa liegt auf der Trage. Die Männer haben jetzt rote Gesichter. Mein Papa ist sehr schwer. Sie bringen ihn durch die Küche und den großen Flur nach draußen in den Krankenwagen vor dem Haus. Papa sagt nicht »Auf Wiedersehen.« Dann fahren die Männer mit ihm weg.

Mama steht in der Küche und weint. Sie hält sich mit beiden Händen am Küchentisch fest. Sie hat erst ein Mal geweint, als Onkel Hermann gestorben ist. Der Küchentisch steht schräg mitten im Raum. Das sieht unordentlich aus.

Sieben oder acht muss ich damals gewesen sein. Wochen später kam Papa nach Hause und rückte die Welt wieder ins Lot. Aber die Angst habe ich nicht mehr verloren.

Radfahren

Seit ich denken kann, fahre ich gerne Rad, wie es sich für eine Münsterländerin gehört. Als ich keine Stützräder mehr brauchte, machten Papa und ich Radtouren, am liebsten in den Wald oder den Berg herunter. Allerdings gab es bei uns nur einen einzigen Berg, am Büskerhook. Schon etliche Meter vorher nahm ich Anlauf, und wenn Papa gute Laune hatte, schob er mich das letzte Stückchen an und gab mir einen kräftigen Schubs, bevor er mich losließ. So schaffte ich es sogar, ihn zu überholen. Ich sauste in einem Affenzahn den Berg herunter, und sobald die Pedalen Widerstand hatten, trampelte ich wie eine Wilde. Aber es war immer das Gleiche: Schon bevor ich unten ankam, überholte Papa mich und winkte mir lässig zu, natürlich ohne zu trampeln. Er konnte selbst dann noch ein ganzes Stück bequem rollen, wenn ich längst wieder in die Pedalen trat.

Das war ungerecht! Ich musste sowieso schon viel mehr arbeiten, weil ich kleinere Räder hatte. Wieso kam Papa trotzdem schneller unten an, obwohl er längst nicht so viel Anlauf genommen hatte und viel schwerer war als ich? Rennen konnte er doch auch nicht! Ich gab die Versuche nicht auf, aber auch als ich schließlich genau wie Papa ein 28-Zoll-Rad fuhr, habe ich die Wettfahrt nie gewonnen.

Irgendwann lernte ich in Physik die Formel *Kraft = Masse x Beschleunigung*. Ein Aha-Erlebnis! Die Masse war der entscheidende Faktor. Papa war schneller, gerade weil er viel schwerer war! Ich hatte nie eine realistische Chance gehabt und würde nie eine bekommen – und das, obwohl Papa die Formel nicht kannte. Er war mindestens doppelt so schwer wie ich, und diese Masse würde ich nie erreichen, da könnte ich noch so viel von Mamas Buttercremetorte essen!

Wenn Fliegen hinter Fliegen fliegen

»Wenn Fliegen hinter Fliegen fliegen, fliegen Fliegen hinter Fliegen.« Ein geflügeltes Wort – früher mal! Im Zeitalter der Fliegengitter kann man sich das kaum noch vorstellen. Damals, jedenfalls bei uns im Dorf, gab es Unmengen an Fliegen. Und natürlich gab es die verschiedensten Methoden, dagegen vorzugehen. Zuhause wurde nach dem Essen gebetet, gespült und Fliegen totgeschlagen. Zeitweise waren es mehr als fünfzig Stück, aber bis zum nächsten Tag hatten die übrigen sich wieder vermehrt, so dass wir nie richtig fliegenfrei wurden.

Die Bauern hatten noch mehr Fliegen und griffen zu härteren Maßnahmen. Bei meiner Körpergröße musste ich im Sommer immer aufpassen, dass ich nicht mit den Haaren in einem der schon mit etlichen Leichen besetzten klebenden Fliegenfänger landete, die in jedem Zimmer hingen. Und die Dinger klebten gut! In der Familie meiner Freundin gab es ein spezielles Ritual, dem ich anderswo nie wieder begegnet bin. Nach dem Essen wurde gebetet und abgewaschen, genau wie bei uns, aber danach wurden keine Fliegenklatschen, sondern Trockentücher ausgeteilt. Tante Herta drückte jedem eines in die Hand, dann wurden die Küchentüren geschlossen, das Fenster geöffnet, und alle mussten wie wild mit den Trockentüchern wedeln, um die Fliegen nach draußen zu jagen. Kurzzeitig brachte das Erfolg, das Fenster wurde geschlossen, und ab da hieß es: bloß nicht die Türen aufmachen.

In einer zwölfköpfigen Familie ist das natürlich kaum umzusetzen. Die Fliegen wussten das. Sie ließen sich bereitwillig aus dem Fenster scheuchen, flogen einmal um den Schweinestall oder auch auf eine Stippvisite hinein, dann über und auf den Misthaufen. Von dort ging es durch die große Dielentür in den Kuhstall, wo sie meist auf dem warmen Körper einer Kuh rasteten, und zuletzt mussten sie eigentlich nur noch durch die Flur- und die Küchentür, um pünktlich wieder in der Küche zu landen, wenn die Vorbereitungen für die nächste Mahlzeit begannen.

Goldene Zeiten!

Kindheitssommer

Der Sommer schnurrt. »Große Ferien! Abenteuer!« schnurrt er, warm und weich auf meinem Schoß, räkelt sich wohlig unter meinen Händen. Um mich herum frisches Heu, in lockeren Haufen gerade erst durch die große Dachluke hereingeworfen, dazwischen Margeriten und Kornblumen, noch voll im Saft. Die Luft flirrt vor Hitze und Staub. Von unten klirren die Ketten. Die Kühe kommen zum Melken in den Stall, jede kennt ihren Platz. Ein monotones Geräusch dringt nach oben: Zisch, zisch, zisch – die Melkmaschine.

Ich klettere auf die Strohballen vom letzten Jahr, so hoch, dass mein Kopf an die Dachbalken stößt. Das Stroh pikt kleine rote Punkte in meine Beine: Strohmasern. Dann springe ich. Der Sprung ins Ungewisse, weiche Landung garantiert. So kann auch ich mal Heldin sein, verwegen und furchtlos.

Abendessen in der Bauernküche, ein verirrtes Huhn wird nach draußen gescheucht. Blutkuchen mit Rübenkraut. Keiner zwingt mich zum Essen. Ich bin ja Besuch, darf essen, was ich will. Keine Tante, keine weißen Strümpfe, keine Schielklappe. Schlafen zu zweit im großen Bett, Kichern, Lachen, Rückenmalen.

Zähneputzen, Füßewaschen? – Vergessen!

Die Zeit flirrt auch unter der Hitze, zerfließt, bis die letzten Tage der Ewigkeit immer schneller zerschmelzen. Heimweg, zwanzig Minuten Radfahrt zurück in die alte Welt. Zuhause schlägt die Küchenuhr, jede Stunde.

Betstunde

Elfter November, Martinstag, Patronatsfest der Pfarrkirche.
Das bedeutet Betstunden über den ganzen Tag, von elf Uhr
morgens bis sieben Uhr abends. Von elf bis zwölf Uhr für die
Bewohner zwischen Marbecker und Borkener Straße, von
zwölf bis ein Uhr für die Bewohner zwischen Marbecker und
Dorstener Straße, danach kommen die Bewohner der übrigen
Viertel, der Bauerschaften und der kleineren Siedlungen. Um
sechs Uhr abends ist Schlussandacht. Ihr seid zwischen zwei
und drei Uhr dran. Das passt ganz gut, dann können die Eltern
noch Mittagsschlaf halten, und ihr seid zum Kaffee wieder zu
Hause. Ihr fahrt mit dem Auto ins Dorf, dann geht der Vater
zur Männerseite nach rechts, die Mutter und du zur Frauenseite
im linken Mittelschiff. Dort sitzt ihr nur in der Betstunde. Das
ist schon immer so gewesen. Bei der Vorabendmesse am Samstag sitzt ihr zwei im Seitenschiff. Das ist auch schon immer so
gewesen.

Der Altarraum ist leer, irgendjemand in der Menge betet
vor, die anderen antworten. Das leise gleichmäßige Gemurmel
kannst du kaum verstehen, wirst auch nie herausfinden, wer
es ist, der vorbetet. Manchmal kannst du nicht einmal unterscheiden, ob ein Mann oder eine Frau spricht. Die Wechselgebete folgen schnell aufeinander, fast wie bei einem Wettbewerb
zwischen Vorbeter und Gemeinde. So schnell kannst du gar
nicht sprechen und bleibst darum still.

Die Wintersonne scheint durch die Glasfenster und malt
kleine bunte Flecken auf die Betenden, die hellen Bänke und
den Fußboden. Auf dem Mosaik könnte man gut Hinkelkästchen oder Hüpfen spielen. Es sind wenige Kinder da, vor dir,
neben dir und hinter dir nur Erwachsene, und auch im Sitzen

fühlst du dich winzig und verloren. Du reichst nicht einmal mit den Schultern über die Lehne der Kirchenbank. Seit kurzem kannst du mit den Schuhen gerade eben die Kniebank berühren. Aber die Füße dort abzustellen, gehört sich nicht. Wenn Dreck unter den Schuhen wäre, würde er nach dem Knien an der weißen Strumpfhose kleben, und das gäbe sicher Ärger. So lässt du die Beine lieber baumeln. Die Mutter kennt alle Litaneien auswendig, du darfst in ihrem Gebetbuch blättern. Es hat einen Goldschnitt und ganz zarte Seiten. Dazwischen liegen Totenzettel, einige mit Foto, andere mit Marienbildern oder einem gezeichneten Händepaar. Die meisten der Verstorbenen hast du gar nicht gekannt, nur an deinen Patenonkel erinnerst du dich gut. Er ist erst im Januar gestorben. Auf vielen der anderen Zettel steht der Nachname des Vaters oder der Mädchenname der Mutter, diese Leute müssen also mit dir verwandt gewesen sein. Jetzt liest du noch im Namenstagskalender, dann in den kurzen Geschichten über die Heiligen im Bistum Münster.

Die kleinen bunten Lichtflecken sind schon ein bisschen weiter gewandert. Mit der Rosenkranz-Litanei, den unendlichen Wiederholungen von *Vaterunser* und *Gegrüßet seist du, Maria* verschwimmen deine Gedanken, und nach einer Ewigkeit oder vielleicht schon nach zehn Minuten stupst die Mutter dich an. Das gleichförmige Murmeln ist verstummt. Im Strom der Erwachsenen wirst du nach draußen geschoben und blinzelst benommen in die winterliche Nachmittagssonne.

Sehnsuchtsort

Aus der Schule nach Hause kommen
im strömenden Regen
zu Fuß
durchgeweicht bis auf die Knochen
schnell ausziehen
abgerubbelt werden
die nassen Zöpfe aufbinden
dann ein heißes Fußbad.

Am großen Küchentisch sitzen
mit Vater und Geschwistern
und ein paar Nachbarskindern
ein, zwei Esser mehr
darauf kommt's nicht an.

Mutter am Herd
vor der großen Pfanne
neben ihr die Emailleschüssel
randvoll mit Teig.
Streit um den ersten Reibekuchen
dampfend und heiß
mit selbstgemachtem Apfelmus.

Satt und zufrieden auf der Küchenbank sitzen
mit den Geschwistern spotten
über Vaters viel zu schnelles Tischgebet.

In der Stube Schularbeiten machen
leise sein
weil Vater auf dem Sofa schläft.
Aus der Küche
Geschirr klappern hören
und sich freuen.
Vor dem Abwasch gedrückt!

Winterfreuden

Gerade aufgewacht, kann ich meinen Atem als kleine Wolke über dem dicken Daunenbett sehen. Über Nacht sind am Fenster Blumen aus Eis aufgeblüht. Jetzt muss ich mich entscheiden: Strecke ich erst mal nur einen Fuß aus dem Bett und versuche mich ganz langsam an die Kälte zu gewöhnen oder springe ich mit einem Satz heraus, schnappe mir meine Kleider und sause die Treppe herunter, um mich in der Küche vor dem warmen Ofen anzuziehen? Erst mal lauschen, ob Besuch in der Küche sitzt. Nein, ich höre nur die Stimmen der Eltern, Glück gehabt! Nach dem Frühstück ziehe ich die Helancahose an. Die hat Schlaufen für die Füße und kann deshalb nicht hochrutschen. Dann die Winterschuhe vom letzten Jahr, schon etwas klein, aber prima zum Schlindern. Vor dem Haus haben die älteren Kinder eine Schlinderbahn gebaut. Zuletzt setze ich meine warme rote Plümmelmütze auf, die der Nikolaus gebracht hat.

Der Nachbar hat ein Pony, hinter das er alle unsere Schlitten spannt und uns ins Dorf fährt, danach zum zugefrorenen Schlossteich. Vielleicht bekomme ich vom Christkind Schlittschuhe. Das ist mein größter Wunsch: Abends vor dem angestrahlten Schloss Schlittschuh fahren, zu Geigenmusik; in einem weißen Kleid gleite ich auf weißen Schlittschuhen grazil übers Eis, drehe Pirouetten, das wäre schön … Wumm, da habe ich einen Schneeball im Gesicht! »Na, träumst du schon wieder?« Von wem er ist, weiß ich nicht. Der Schnee hat sich hinter der Brille verteilt, rutscht in den Kragen und dann den Nacken herunter. Die Nase läuft, mir ist kalt. Ich will nach Hause. Da gibt es erst mal ein heißes Fußbad, dann werde ich mit Nivea eingerieben und muss unter die Höhensonne. Die warme Creme duftet.

Abends darf meine Schwester die Kerzen am Adventskranz anzünden, ich bin morgen dran. Die Eltern trinken Lindenblütentee, wir Kinder heißen Kakao. Mein Schlafanzug hängt in der Küche über dem Ofen. So ist er schön warm, wenn ich ins Bett gehe. Auf dem Nachttisch liegt das dicke Buch mit Weihnachtsmärchen. Meine Brille beschlägt sofort, als ich ins Schlafzimmer komme.

Wunschtraum

Einmal
nur dies eine Mal
oben auf dem Sprungbrett stehen
in einem Badeanzug
mit riesengroßen Blüten
in Rosa und Orange
auf kreischend rotem Grund
angstfrei in die Tiefe schauen
langsam zurückgehen
Anlauf nehmen
mit einem Kopfsprung
ins Wasser gleiten
sich treiben lassen
zurückkraulen
aus dem Becken klettern
und
sich gleich wieder anstellen
für den nächsten Sprung

Die Zeiten wandeln

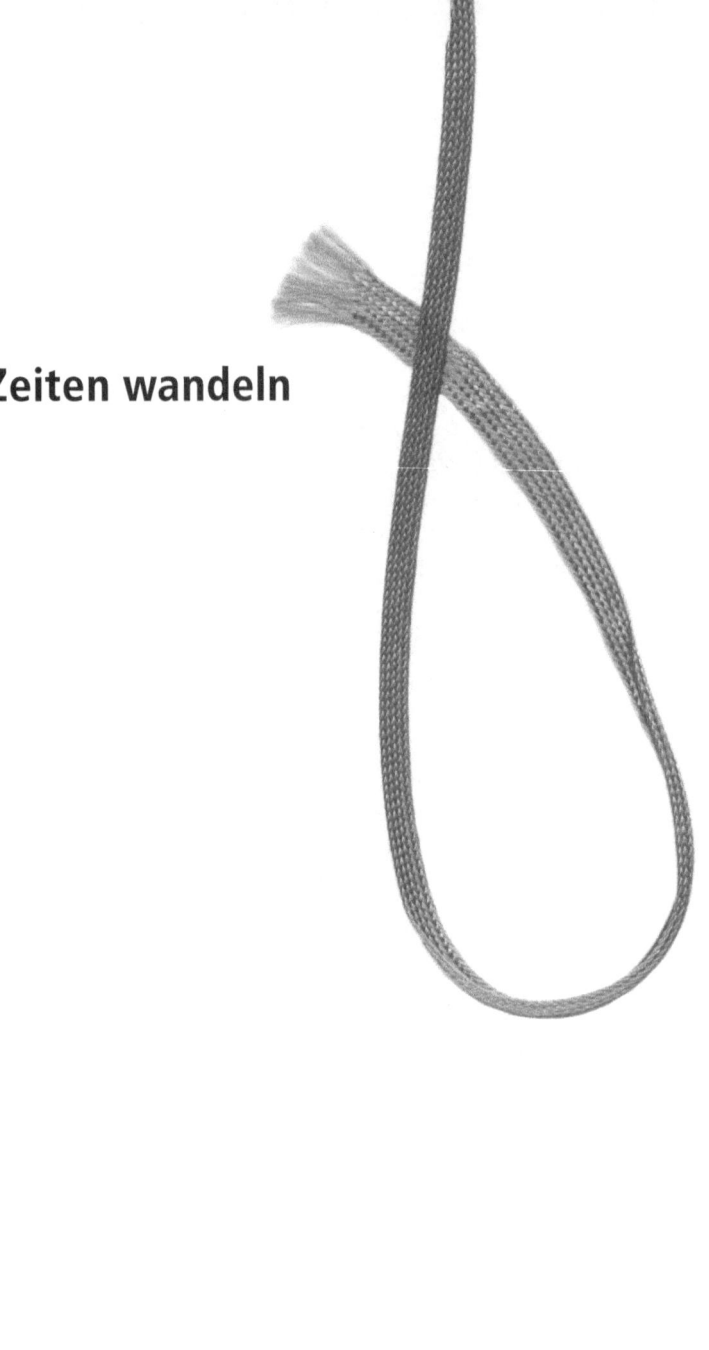

Sonntagmorgen

Heute früh
wurd' ich geweckt
vom tiefblauen Klang
der Glockenblumen
windumatmet und klar.

Ich fing ihn auf,
bewahre ihn
in einer leuchtend großen Blüte.
Wenn du erwachst,
will ich sie dir schenken
zum Anmichdenken.

Die Zeiten wandeln

Kann sich eine Eintagsfliege ein ganzes Menschenleben vorstellen? Kann sich ein Mensch ein ganzes Zeitalter vorstellen? Ich kann es nicht. Mir fällt es schon schwer, mich in die Kindheit meiner Eltern einzufühlen.

Mein Vater wurde 1917 im Weltkrieg geboren, der erst 22 Jahre später durch den Beginn des zweiten Weltkrieges zum ersten Weltkrieg wurde.

Die Zeiten verändern.

Die Zeiten wandeln.

Meine Großeltern kenne ich nur von Fotos und den knappen Berichten meiner Eltern:

Der Opa ist mit 41 unter einen Baum gekommen.

Die Oma hat das Mutterkreuz nicht annehmen wollen.

Der Großvater hat zwei Frauen und den zweitjüngsten Sohn zum Friedhof gebracht.

Aus ihrem Alltag weiß ich fast nichts, nur eine Erinnerung trage ich immer bei mir.

Ob es aus Geldmangel oder aus anderen Gründen war, weiß ich nicht.

Jedenfalls schmiedete unser Uhrmacher aus der rotgoldenen Uhrkette meines Großvaters den Ehering für meinen Vater.

Die Zeiten wandeln.

Vater trug seinen Ring nur sonntags, und er war so groß, dass ich ihn selbst als Erwachsene noch problemlos über meinen Daumen streifen konnte. Vater starb. Der Vaterring, die Großvateruhrkette, wurde für Mutter kleiner gemacht.

Die Zeiten wandeln.

Mutter trug den Ring neun Jahre lang über ihrem eigenen Ehering am Finger. Mutter starb. Der Mutterring, der Vaterring, die Großvateruhrkette, wurde kleiner gemacht und mit einem Rubin verziert.

Die Zeiten wandeln.

Ich habe diesen Ring geerbt, und eines Tages wird mein Patenkind den Christaring, den Mutterring, den Vaterring, die Großvateruhrkette, am Finger tragen.

Die Zeiten wandeln.

Frühsommersonntag

Zum Glück duftet der Essigbaum nicht. Sein Schatten reicht für einen großen Tisch und sechs Stühle aus Rattan, die mit den Jahren ergraut sind, genau wie Margret und ihre Gäste.

Karla holt tief Luft mit einem Geräusch, als würde sie gleich ersticken, dann gluckst sie los, lacht immer lauter, in den kurzen Pausen nach Atem ringend, bis sie sich völlig erschöpft in einen Sessel plumpsen lässt. Der knarrt beleidigt ob dieser groben Behandlung.

Das Haus liegt am Hang. Über die Wendeltreppe werden Kaffee und Kuchen aus der Küche heruntergetragen, Rhabarbertorte und *Freud und Leid*.

Den gibt es immer, auch wenn gerade niemand beerdigt wird.

»Darauf können wir nicht warten!«, sagt Margret.

Eine Hochzeit als Anlass kommt auch nicht in Frage, aus dem heiratsfähigen Alter sind wir heraus oder haben unsere Traummänner bereits hinter uns.

Die anderen trinken Kaffee, ich inhaliere seinen Duft. Zwischendurch brummt die ein oder andere Wespe am Kuchen vorbei. Wir lassen uns nicht stören, es ist genug für alle da.

Später sammle ich mit angefeuchtetem Zeigefinger die letzten goldenen Zuckerstreusel von meinem Teller und der Tortenplatte. Die ist ein Erbstück mit Bambusgriffen und Emailbeschichtung: ein Bild im Stil der Fünfziger, ein Café, davor eine Frau im Petticoat mit Wespentaille und ein Mann wie Fred Astaire.

Wir sitzen und erzählen bis abends, sehen die Schatten wandern und wandern selbst durch Margrets Gärtchen, begutachten Möhren und Erbsen, die neu angelegten Beete und die Komposthaufen. Natürlich probieren wir auch, Erdbeeren,

Himbeeren, Johannisbeeren, und jede wird ein bisschen Gemüse und Obst mit nach Hause nehmen.

Wenn im Tal die ersten Lichter angehen, öffnet Margret die erste Flasche Vino Rosso.

Zwischentöne

Ich probiere am Klavier
eine kleine Frühlingsweise.
Auf dem Sofa hinter mir
schnarcht die Tageszeitung leise.

Eine kleine Frühlingsweise
– Lied aus der Vergangenheit –
schnarcht die Tageszeitung leise
oftmals um die Mittagszeit.

Lied aus der Vergangenheit
– nur nicht diesen Rhythmus stören!
Oftmals um die Mittagszeit
kann ich Vater träumen hören.

Nur nicht diesen Rhythmus stören!
Ich probiere am Klavier,
kann den Vater träumen hören
auf dem Sofa hinter mir.

Wo bleibt die Zeit?

Die Zeit plätschert und sprudelt dahin,
sammelt sich in Fotos, Geschichten und Liedern,
die zu einem breiten, ruhigen Fluss zusammenfließen
und im Meer der Erinnerung münden.

Mit der Flut kommen gewesene Zeiten
ganz nah zu mir zurück
und werden mit der Ebbe wieder fortgeschwemmt,
aber ich weiß, dass sie nicht verloren sind.

Ab und zu wandere ich am Ufer entlang
und sammle Strandgut.

Vier Tage vor 50

»Altwerden ist keine Katastrophe.« Pünktlich zu meinem 49. Geburtstag las ich diese frohe Kunde im *Deutschen Ärzteblatt*. Bis dahin hatte ich auch alle runden Geburtstage gut weggesteckt. Der zwanzigste war kein Thema! Der dreißigste – na ja, und der vierzigste … Wenn meine Freundinnen Agnes und Beate erst einmal ihre runden Geburtstage im Januar und April überstanden hatten, würde ich das im Mai wohl auch schaffen.

Natürlich gab es Krisen, wie bei allen anderen, und in *dieser* Beziehung war ich frühreif: Meine ersten grauen Haare fand ich mit sechzehn. Anfangs riss ich sie aus. Später bewahrte mich die moderne Chemie vor der Kahlköpfigkeit.

Midlife-Crisis?

Klar hatte ich die, am 2. Juli 2002. An diesem Tag verordnete mir der Augenarzt die erste Gleitsichtbrille. Jetzt bin ich gleitsichtig im Endstadium, seit fast sechs Jahren. Im Sommer 2010 habe ich Hörgeräte gekriegt.

»Was soll mir noch passieren? Altwerden ist keine Katastrophe.« Mit dieser Haltung sah ich dem nächsten runden Geburtstag sehr entspannt entgegen.

Erste Zweifel kamen mir vor mehreren Monaten. Ich saß mit meinem Frühstückskaffee am Esstisch und las in der Tageszeitung folgende Nachricht: »Am Donnerstag trifft sich die Gesprächsrunde *Frauen ab fünfzig* zum Plaudern und Basteln im Haus der Begegnung am Kurpark.« Gesprächsrunde für Frauen? Ab fünfzig? Plaudern und Basteln? Das hörte sich an wie eine Selbsthilfegruppe mit Beschäftigungstherapie. Anscheinend hatte ich die Auswirkungen des fünfzigsten Geburtstages völlig unterschätzt. – Das ist ein Riesending!

Seit damals bin ich immer wieder über Berichte zum Thema *Fünfzig plus* gestolpert: Eine bekannte Fastfoodkette will sich der Generation über fünfzig zuwenden, durch neue Getränke oder kleinere Portionen. Eine 51jährige ehemalige *Schlecker*-Angestellte in der Umschulung zur Weichenwärterin berichtet, dass das Lernen in diesem Alter nicht so einfach sei. Oh Gott, und ich habe mir gerade ein Klavier angeschafft!

Vor zwei Wochen hörte ich auf WDR 5 die Sendung *Lebenszeichen* mit dem Thema: »Fünfzig und los: zum wirklichen Kunststück des Lebens – Sterben«. Dagegen ist die Mitteilung des *Deutschen Ärzteblattes*, dass ab einem Alter von fünfzig Jahren ein Viertel der Bevölkerung ein verschlechtertes Riechvermögen hat, vergleichsweise harmlos. Andererseits war dort in einem weiteren Artikel zu lesen, dass das Altern, wenn schwere Erkrankungen ausbleiben, als konstanter Prozess erscheint. Aber was ist, wenn Freund Hein schon diverse Male an die Tür geklopft hat?

Allerhöchste Zeit für eine Zwischenbilanz. Ich bin quasi auf der Zielgeraden, vier Tage vor 50!

Betreiben wir einmal Nabelschau und gucken bei den Schicksalsgenossen: Dieses Jahr wurden ja nicht nur Agnes und Beate, sondern auch diverse Prominente fünfzig. Und wenn ich mir Guildo Horn, Karl Lauterbach und Dirk Niebel begucke, habe ich mich doch ganz gut gehalten, oder? Andrea Nahles ist sogar sieben Jahre jünger als ich. Wer hätte das gedacht? Ja, das ist vielleicht eine eher subjektive Sichtweise bei ohnehin eingeschränktem Sehvermögen. Aber es ist doch auch eine Gnade der Natur, dass man seine Umgebung nicht mehr in allen Einzelheiten wahrnimmt.

Auch wenn die Sinne im Alter allmählich schwinden, so

bringt es einem doch Erkenntnisse, von denen Jüngere noch keine Ahnung haben: Welche junge Frau ist sich darüber im Klaren, dass Nagellackentferner und Gesichtswasser in exakt gleich aussehenden rosa 200 ml-Plastikflaschen verkauft werden? Und das habe ich nicht bei der Pflege meiner Fingernägel bemerkt! Welcher junge Mensch kennt das Gefühl, wenn einem blaue Gebissreinigungslösung aus der Nase läuft, nur weil das Reinigungspulver genauso verpackt ist wie das Salz für die Nasendusche? Aber es gibt auch angenehme Sinnesfreuden, zum Beispiel vorgewärmte Hörgeräte. Einer meiner früheren Chefärzte, ein distinguierter Herr mit Anzug, Krawatte und unerschöpflicher Geduld, brachte es nach einer Privatpatientenvisite auf den Punkt: »Stuhlgang ist der Sex des Alters!« Er musste es wissen, er war Ende sechzig.

Ganz so weit ist es bei mir noch nicht, aber ich gebe zu, dass sich einige Symptome des Älterwerdens zeigen. Ich lese den *Seniorenratgeber* und die *Apothekenumschau* und gucke bei Büchern als erstes nach der Größe der Buchstaben. Wenn ich vor zwanzig Jahren einen neuen Spiegelschrank fürs Badezimmer gekauft hätte, hätte ich eine möglichst helle Lampe ausgesucht. Vor kurzem habe ich mich nach so einem Möbel umgesehen und festgestellt, dass Stromsparen an dieser Stelle in jeder Hinsicht von Vorteil ist. Ich nehme immer mehr der Gewohnheiten an, die meine Eltern im Alter hatten: Ich höre Dieter Hildebrandt und streiche mir politische Sendungen in der Fernsehzeitung an, auch wenn ich sie noch nicht gucke. Ich bin altmodisch, aber schon seit mehr als vierzig Jahren: Ich komme zu fast allen Terminen eine Viertelstunde zu früh, bezahle meine Rechnungen pünktlich und kaufe nichts auf Pump.

Und leider habe ich Illusionen verloren. In diesem Leben werde ich keine genießbaren Rouladen oder eine Rindfleischsuppe zustande bringen. Es wird mir nicht gelingen, meine Amaryllis zu überwintern, die Spülmaschine auf Anhieb so zu beladen, dass ich nicht für jede Tasse alles komplett umräumen muss, die Steuererklärung pünktlich abzugeben oder irgendetwas mit Sekundenkleber so zu bearbeiten, dass meine Fingerkuppen nachher nicht zusammenpappen. Aber glücklicherweise kenne ich inzwischen Leute, die über all diese Fähigkeiten verfügen.

Ein Vorteil des Älterwerdens ist für mich, dass ich schon mit kleinen Dingen zufrieden bin: Früher schwebte ich am 31. Dezember auf Wolke sieben, wenn ich den Silvesterlauf im Walking gewonnen und einen neuen Pokal für meine Sammlung nach Hause gebracht hatte. Heute werde ich schon euphorisch, wenn ich auf Anhieb einen Faden in die Nähmaschinennadel kriege.

Mein Neffe Jonas, der im letzten Dezember das passive Wahlrecht erworben hat, würde jetzt sagen: »Wieso redest du dauernd vom Älter*werden*? Du *wirst* nicht älter, du *bist* alt!« Der 73jährige Henning Scherf, früher Bürgermeister von Bremen, hat vor kurzem ein Buch veröffentlicht: *Grau ist bunt!* Und seit ich gesehen habe, dass es die Aufbewahrungsdosen für dritte Zähne nicht mehr nur in Weiß, sondern auch in Türkis gibt, blicke ich hoffnungsvoll in die Zukunft.

Im Theater gibt es für Frauen im fortgeschrittenen Alter zwei typische Rollen: die elegante Lady und die schrullige Alte. Astrid Lindgren sagte: »Es gibt kein Verbot für alte Weiber, auf Bäume zu klettern.« Mit diesem Wahlspruch ist klar, in welche Richtung ich gehe ... und es gibt noch einen Spruch: »Die Besten sterben jung.« Die Chance habe ich vertan!

Eine letzte Erkenntnis: Alte Leute sind oft mitteilsam. Das haben Sie gerade leidvoll erfahren.

Farben

Zu Anfang war es blütenweiß.
Dann bekam es schwarze Flecken,
klitzeklein, woher auch immer,
später große, tief eingefressen.

Jetzt ist es fast schwarz
mit kleinen weißen
und winzigen goldenen Tupfen,
und gut ist es auch nicht mehr,

mein Gewissen.

Westfalentherme

Da paddle ich also fröhlich durch die Fluten der Westfalentherme, in jenem behäbigen Stil ältlicher Damen, über die ich mich noch vor kurzem, es mag kaum ein Vierteljahrhundert her sein, köstlich amüsiert habe. Eine Art – na ja – Brustschwimmen mit hochgerecktem Kopf, damit die Brille bloß keinen Tropfen Wasser abbekommt. Es fehlen nur die buntbeblümte quietschgrüne Plastikbadekappe und der üppige Busen im gleichfalls buntbeblümten Badekostüm.

Wie die Entenküken bei der Mutter schwimmen drei süße rothaarige Fratzen neben mir, eigentlich schon nicht mehr neben mir, nein, die beiden Großen hängen ihre alte Tante locker ab. Und der Kleine wagt sich mit sechs Jahren schon ins Schwimmerbecken. Das lässt meine Brust vor Stolz schwellen. Vielleicht wird es ja doch noch was mit dem üppigen Blumenbusen!

»Komm, wir springen!« schreit die Bande, und schon flitzen sie zu den Startblöcken. Ich drücke der Bandenmutter meine Brille in die Hand und sause hinterher. Ein formvollendeter Kopfsprung, Kleinigkeit!

Auch vom Einer hüpfe ich, diesmal allerdings mit den Füßen zuerst.

Oh nein, jetzt wollen die Küken, sogar der Kleine, aufs höchste Brett im ganzen Bad. Drei Meter hat es sicher. Hilft nichts, ich muss mit!

Was soll's, ich bin schließlich schon einmal vom Dreier gesprungen, am 18. März 1976 im Sportunterricht bei Fräulein Lensing. Ja, ich habe den Jugendschwimmer!

Die beiden Mädchen klettern zügig auf den Sprungturm, nehmen Anlauf und hopsen mit Karacho und Gejohle ins Becken.

Verflixt hoch hier. Höher als unsere längste Leiter. Bloß nicht nach unten gucken!

Stufe für Stufe kraxle ich nach oben, dann aufs Brett. Oh nein, ist das schmal. Und es bewegt sich, es schwankt. Und wie das schwankt!

Unter mir verschwommenes Blaugrün, am Rand drei gleichfalls verschwommene rote Flecken. Der größte Flecken winkt: »Bahn frei!«

Von hier oben ist es viel höher als von unten. Das sind mehr als drei Meter, mindestens vier, nein, eher fünf. Ein Fünf-Meter-Brett! Das ist fast dreimal meine Körperlänge. Und ich würde mit einem immensen Gewicht aufs Wasser knallen: *Beschleunigung x Körpergewicht x Erdumfang x fünf Meter* oder so. Das haben wir in Physik gelernt.

Da kann ich nicht einfach so herunterhüpfen.

Auf der Leiter zappeln ungeduldige Kinder, direkt hinter mir steht unser Kleiner: »Na mach schon, ich will endlich springen!«

Nein, ich bin für so was definitiv zu alt. Fünf Meter! So hoch wie eine Giraffe. Das wäre doch der helle Wahnsinn.

Man muss auch seine Grenzen kennen. Da kann die Jugend von mir lernen. Also rückwärts die Leiter runter, unter den Augen des Badepublikums und der rothaarigen Verwandtschaft. Glücklicherweise weiß die, wann man schweigen muss.

Ich kriege meine Brille wieder und sehe gerade noch, wie der Kleine sich mit Anlauf vom Fünfer stürzt. Der traut sich was!

Und dann erblicke ich seitlich am Sprungturm etwas, das ich vorher ohne Brille glatt übersehen habe: ein Schild, das mir für den Rest des Tages quasi den Rest gibt.

Dieses Schild trägt die Aufschrift: *Zwei Meter.*

Mein Körper

Mein Körper quietscht und eiert.
Verschleiß ist überall,
die Bänder ausgeleiert,
ich bin ein schwerer Fall.

Es knacken die Gelenke,
es knirscht sogar im Knie,
es knistert, wenn ich denke. –
Ganz leise ist es nie.

Und Schmetterlinge tummeln
im Bauche sich herum,
im Hintern brummeln Hummeln;
warum bei mir, warum?

nach der Melodie: »Der Globus quietscht und eiert«

Walking

Vor einigen Jahren konnten auch Walker noch am Möhneseelauf teilnehmen. Irgendwann sah ich die Ausschreibung, und sofort war klar: Da mache ich mit! Bei den Bundesjugendspielen in der Schule hat es nicht mal für eine Siegerurkunde gereicht, aber seit zwei Jahren walke ich mit meiner Sportgruppe im Sommer um das Körbecker Becken, bin also trainiert. Die Teilnehmer auf der Starterliste sind alle älter als ich, der jüngste Jahrgang 1954. »Ich laufe dann eben etwas langsamer, damit es nicht ganz so peinlich für die anderen wird«, nehme ich mir vor.

Und so stehen wir an einem sonnigen Julitag unten am See, etwa zwanzig ältere Herrschaften und ich, ein Spargel mit Wuschelhaaren. Ich habe mich nach hinten an die Seite gestellt, damit ich bei meinem Turbo-Start nicht gleich die alten Leutchen vor mir überrenne. Zehn, neun, acht ... drei, zwei, eins ... wwwuuuuschhhhh – schon sind die anderen mindestens fünf Meter vor mir, selbst der blonde Riese Typ Obelix und der rüstige Mittsiebziger mit den Stöcken haben mich gnadenlos abgehängt. Ich rase hinterher, der Abstand wird immer größer und ich immer atemloser. Am liebsten würde ich mich in die Büsche schlagen, aber es gibt keine. Nach einigen Metern biegt die Meute nach links auf die Fußgängerbrücke ab. An deren Ende spielt ein Dudelsackpfeifer, den man umrunden muss, dann zurück und hoch zur Seestraße. Als ich auf die Brücke komme, sind die anderen längst auf dem Rückweg. Oben an der Straße steht Walter aus meiner Sportgruppe, um mich anzufeuern. Jetzt kann ich nicht mehr kneifen. Also nichts wie weiter! Allmählich finde ich meinen Rhythmus und hechele nicht mehr ganz so. Stattdessen sehe ich Blumen, große Blüten in Rot, Orange und Rosa, ein wogendes Feld. Eine Fata Morgana?

Halluzinationen? Oder das legendäre *Runners' High*? Dafür ist es eigentlich zu früh. Es wogt weiter vor mir, und bei genauer Betrachtung ist es ein üppiger Hintern in einer hautengen geblümten Leggings, der vor mir herschaukelt. Diesen Anblick noch über acht Kilometer, dabei werde ich seekrank! Also die Zähne zusammenbeißen und einen Zahn zulegen. Kann man das mit zusammengebissenen Zähnen? Ich kann es, quetsche mich auf dem engen Weg an der geblümten Dame vorbei und atme auf. Das nächste Hindernis ist ein Nordic Walker, der wild mit seinen Stöcken herumfuhrwerkt. Nur weg hier, bevor er mich aufspießt! Ich kriege jetzt etwas besser Luft, kann mein Tempo halten und überhole zuletzt sogar den Obelix. Glücklich und völlig erschöpft stolpere ich ins Ziel. Jetzt erst mal etwas zu trinken und ein dickes Stück Kuchen. Das habe ich mir verdient!

Irgendwann hängen die Ergebnislisten aus, ich bin die vierte von acht Frauen und habe zwei Männer überrundet. Und das alles verdanke ich einer übergewichtigen Unbekannten in einer viel zu engen Leggings! Was sie mit dieser Hose ausgelöst hat, wird sie wohl nie erfahren. Nach einigen Tagen verzieht sich der Muskelkater. Ich habe Blut geleckt, jetzt trainiere ich für den Silvesterlauf!

Nach diesem milden Frühlingstag

Nach diesem milden
Frühlingstag in Köln,

nach der Nacht im fünften Stock
in der grauen Straße,
die im April genauso aussieht
wie im Juli und November,
die vielleicht schon lange tot ist,

nach dem Spaziergang am Rheinufer,
auf der asphaltierten Promenade
im Gleichschritt in der Masse, ganz rechts,
links die vorbeiflitzenden Skater
und der im grauen Beton lustlos dahinströmende Fluss,

nach dem Blick vom Domturm
durch die Maschen des Sicherheitsnetzes,
auf Hochhäuser und Straßen
bis zum Horizont,
so wie Gott die Stadt sieht,

nach der staubigen Bahnfahrt
stelle ich daheim die Tasche ab,
renne mit langen Schritten zum See,
trinke mich satt am gelben Raps, am Flugspiel der Möwen,
am Geräusch meiner Schritte im Laub vom Vorjahr.

wenn ich alt bin

weiß soll es sein
mein haar
schlohweiß
noch immer
so kraus
so eigenwillig
wie meine gedanken

rasten will ich
auf einer bergwiese
vor dem gipfelkreuz
letzte sonnenstrahlen zählen
durch halbgeschlossene lider
wenn auf den tälern schon
abenddämmerung ruht

auf dem rücken liegen
in den himmel schauen
rosarot getönten wolken hinterher
eintauchen
in die letzte
bevor der tag
verlischt

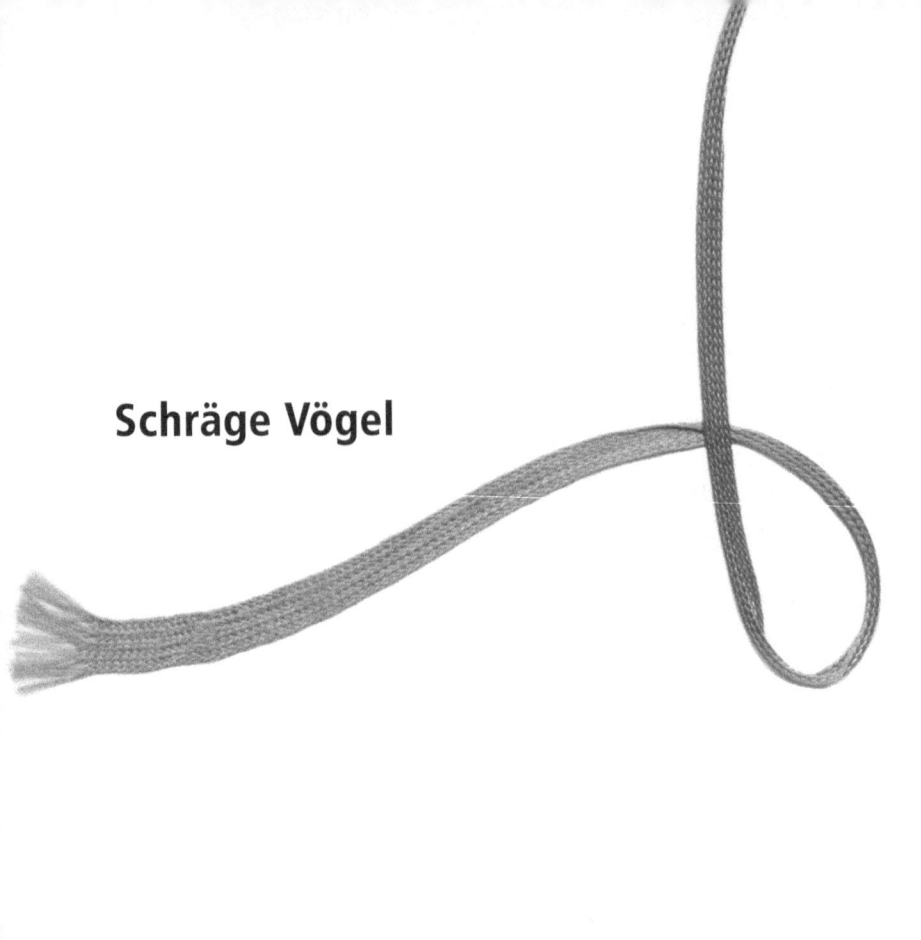

Schräge Vögel

Schräge Vögel

Vor kurzem behaupteten böse Zungen aus der eigenen Verwandtschaft, ich sei schräg drauf! *Ich?* Und das nur, weil ich mich über ein schönes kleines Gummiband freute, das ich prima brauchen kann, um meine Marmeladengläser mit Servietten zu schmücken. Kleine Gummibänder sind heutzutage schwer zu kriegen! Auch dass ich Bananen nur schneiden kann, wenn sie mit der konvexen Seite zu mir liegen, ist absolut verständlich: Wer guckt morgens schon gern eine schlechtgelaunte Banane an? Ich bin Morgenmuffel, da muss nicht auch noch mein Frühstück schlechte Laune haben! Und manche möglicherweise seltsam anmutende meiner Gedankengänge sind bei genauer Betrachtung absolut logisch und nachvollziehbar.

Im Juni 2013 nahm ich beim Autohändler nach Inspektion und TÜV mein Automobil und die Rechnung in Empfang: 257,37 Euro. Mein erster Gedanke: »*Großer Gott, wir loben dich, Strophe 3 und 7*«. Der nächste: »*Jakob Namenstag*«. Das hört sich im ersten Moment vielleicht schräg an, aber es gibt eine physiologische Erklärung. Dazu muss ich ein bisschen ausholen: Wie viele andere strebe ich danach, auch in höherem Lebensalter meine geistige Leistungsfähigkeit zu erhalten oder sogar zu verbessern, und zwar mit Hilfe eines zu diesem Zwecke erworbenen Klaviers. Musizieren bewirkt laut *Apothekenumschau* eine Verbindung der beiden Gehirnhälften, Steigerung der Kreativität, Ausbildung und Verknüpfung neuer Synapsen. Kreativität, neue Nervenenden, Verknüpfung: Das hört sich doch sehr vielversprechend an. In meinem speziellen Fall gibt es allerdings ein kleines Problem: Ich bin nicht wirklich gut im Zielen, und warum sollten meine Nervenzellen es besser können? Sie werfen ihre Fasern über den Balken hinweg in die gegenüberliegende Hirnhälfte, und wo die dann landen ... Na ja! Zum Glück gibt es eine feste Spielfeldbegrenzung in Form meines westfälischen Dickschädels. Auch das mit der Verknüpfung der Nervenenden läuft eher suboptimal: *Meine* Synapsen schmiegen sich nicht zärtlich aneinander wie die auf den Bildern in der Rentnerbravo; nein, meine Nervenfasern verschlingen sich zu einem stabilen Doppelknoten, der sich nur mit der Methode Alexander des Großen wieder auflösen ließe.

Durch diese eher zufällige und immens stabile Kopplung meiner Gehirnzentren kommt es zu solchen Assoziationen wie der beim Autohändler. Etwas ungewöhnlich, aber bei Betrachtung meiner Vorgeschichte völlig logisch: Ich stamme aus dem tiefkatholischen Münsterland, habe eine tiefkatholische Erziehung und vierzig Jahre *Gotteslob* hinter mir. Selbst wenn ich nur wenige Kirchenlieder pianieren kann, hat die Klavierspielerei bei mir anscheinend das Zentrum für katholisches Liedgut mit dem Zahlengedächtnis verknüpft und beide aktiviert. Was steht im (alten) *Gotteslob* unter Nr. 257? – *Großer Gott, wir loben dich.* Folglich *muss* ich bei einer Rechnung über 257,37 Euro denken: »*Großer Gott, wir loben dich, Strophe 3 und 7*«, auch wenn diese Summe wahrhaftig kein Grund zum Loben ist! Und Jakob Namenstag? Klar, das Hirnzentrum für katholische Feiertage liegt direkt neben dem für katholisches Liedgut und tritt gleich mit in Aktion: 25. Juli – Jakobus!

Denjenigen, die jetzt immer noch glauben, *ich* sei schräg drauf, empfehle ich die Internetseite *www.spleen24.de.* Da findet man sicher auch Leute, die ihr Frühstücksmüsli von einem vorn spitz zulaufenden Löffel essen. Das ist schräg!

Mir bleibt nur eine Sorge: Zu Ostern 2014 wurde im Bistum Paderborn das neue *Gotteslob* eingeführt. Ich kann nur hoffen, dass mein Autohändler seine Tarife nicht an dieses neue *Gotteslob* anpasst. Da steht nämlich *Großer Gott, wir loben dich* unter Nr. 380!

Haare

Wenn wieder mal die Lästermäuler
an mir kein gutes Haar mehr ließen,
sind dann die Haare alle schlecht,
die jetzt auf meinem Kopf noch sprießen?

Ein Klavier, ein Klavier

Seit Ostern bin ich stolze Besitzerin eines Klaviers. Es kam nicht so spektakulär an wie weiland das Klavier von Frau Berta Panislovski aus Massachusetts, aber ich habe mich mindestens genauso gefreut wie Herr Panislovski senior samt Familie.

Das Klavier erweitert meinen Horizont ungemein. So viele kleine schwarze Punkte wie über, unter und hinter den Noten in meinem Lehrbuch habe ich vorher bei diversen Kreislaufschwächen nie gesehen. Und seit ich direkt vom Blatt spielen soll, also mit beiden Händen gleichzeitig! – wenn auch im Zeitlupentempo – weiß ich, dass Synapsen quietschen können und dabei meine Etüden locker übertönen. Aber das ist nur ein Aspekt. Das Klavier hat meine Sicht auf die Gesellschaft vollständig gewandelt. Es ist allgemein bekannt, dass die Anschaffung eines Hundes, eines Rennrades, eines Ehemannes und/oder eines Kindes den Blick verändert, aber ein Piano reicht gleichermaßen aus, um Freunde, Verwandte und Bekannte in völlig neue Kategorien zu ordnen.

Da gibt es zunächst diejenigen, die ins Wohnzimmer spazieren und das Klavier einfach übersehen. Wenn man die Gäste fragt, ob ihnen nichts auffällt, dauert es immer noch zehn Minuten, bis sie das Instrument entdeckt haben. Natürlich ist es möglich, dass sie es durchaus wahrnehmen, aber nach dem Vogel-Strauß-Prinzip hoffen, an einer musikalischen Kostprobe vorbeizukommen, wenn sie das Piano einfach totschweigen. Der zweite Typus kommt herein mit der Bemerkung: »Oh, du hast ein Klavier!«, und wechselt blitzschnell das Thema, wahrscheinlich mit der gleichen Intention wie der Vogel-Strauß-Typ. Dann gibt es solche, die den Kommentar abgeben: »Ich wusste gar nicht, dass du Klavier spielen kannst!«, und schon steige ich ganz enorm in ihrer Achtung. Dass zwischen Spielen und Können bei mir mehr als Welten liegen, erwähne ich meist nicht, und zum Glück bitten auch diese Leute selten um ein Konzert. Die Wagemutigen kommen herein, sehen das Klavier, und obwohl ich zugebe, dass ich erst seit Ostern spiele, möchten sie etwas hören. Nach dieser ersten Kostprobe erfolgt die Einteilung in weitere Untergruppen: Die einen loben mich mit einem mehr oder minder gequälten Lächeln und sprechen dann über das Wetter, die anderen loben mich und bitten um eine Zugabe. Das ist allerdings erst einmal passiert, an meinem Geburtstag. Die letzte Kategorie besteht aus Menschen, die mich schon einmal gehört haben und ihren nächsten Besuch mit den Worten ankündigen: »Dann kannst Du vorspielen, was Du inzwischen gelernt hast.« Und das passiert ohne größere Repressalien meinerseits! Leider besteht diese Gruppe bislang nur aus einer einzigen Person, und die war jahrzehntelang Klavierlehrerin, hat also gewissermaßen Hornhaut auf den Trommelfellen. Außerdem kann sie ihr Hörgerät mit Hilfe einer Fernbedienung diskret an die jeweiligen Erfordernisse adaptieren oder auch komplett ausschalten.

Mittlerweile wird es deutlich schwieriger, die Studie zu vervollständigen. In meinem Freundes- und Bekanntenkreis gibt es anscheinend ein höchst effektives internes Warnsystem, so dass kaum noch jemand unvorbereitet in die Falle tappt. Was mich aber am meisten schockiert hat: Meine Nachbarn, die das Klavier definitiv noch nicht gesehen haben, bekamen gestern ein Paket von einem bekannten Online-Musikversand, ein großes Paket, ein sehr großes, genau gesagt. Zu groß für eine Blockflöte, zu groß für eine Querflöte, vom Format her war mindestens ein Saxophon oder eine Posaune drin. – Sollte das die Rache sein?

Drei à zwei

Hommage an die Kultur
Wo Musen in Museen steh'n
kannst Busen du besehen geh'n.

Erinnerung an Kyrill, Januar 2007
Nach dem Sturmtief
stand der Turm schief.

Abenteuer
Sucht ein Mann das Abenteuer,
wird so manch ein Abend teuer.

Beziehung im Wandel

Zu Anfang, das ist sonnenklar,
schien dieser Mann ganz wunderbar.
Nach nur zwei Jahren, unterm Strich,
ist er doch eher wunderlich.

Entfernte Verwandte

In Zeitungen und Zeitschriften liest man immer wieder von entfernten Vettern, Kusinen oder Onkeln. Jedoch ist es mir trotz umfangreicher Recherchen bislang nicht gelungen, Informationen zur Technik zu finden. Dabei ist das doch die wesentliche Frage! Wer hätte nicht schon Tanten oder Onkel und erst recht Eltern, Geschwister oder Kinder zum Teufel oder zumindest auf den Mond gewünscht? Aber wie *entfernt* man nun solche Verwandten? Und wohin dann mit ihnen? Darf man Verwandte gegen ihren Willen entfernen? Ist das Entfernen von Verwandten vielleicht sogar strafbar? Falls ja, gibt es Strafminderung bei Härtefällen wie zum Beispiel Midlife-Crisis oder chronifizierter Pubertät?

Mit diesen Fragen bin ich nicht allein. Schon Friedrich Nietzsche hat sich dazu Gedanken gemacht: »Die Griechen, die so gut wussten, was ein Freund ist, haben die Verwandten mit einem Ausdruck bezeichnet, welcher der Superlativ des Wortes *Freund* ist. Dies bleibt mir unerklärlich.«

Der kleine Nietzsche lebte im Naumburger *Frauenhaushalt* sechs Jahre zusammen mit Mutter und Schwester, Großmutter und zwei unverheirateten Tanten väterlicherseits. Ob seine spätere geistige Umnachtung mit der Jugend inmitten dieser eben *nicht entfernten* Verwandten zu tun hat, weiß ich nicht. Denkbar wäre es aber, nach dem Motto: »Wenn ich die Verwandten schon nicht entfernen kann, entferne ich eben mich – und sei es nur im Geiste.«

Das ist natürlich rein spekulativ. Nichtsdestotrotz bestätigt es die dringende Notwendigkeit, der breiten Bevölkerung einfach anzuwendende technische Hilfsmittel für das dauerhafte Entfernen von Verwandten zur Verfügung zu stellen.

Gedanken beim Begräbnis eines Onkels

Bescheiden warst du lebenslang,
um keinen zu verdrießen.
Jetzt bist mal du die Hauptperson
und kannst es nicht genießen.

Betrachtungen zur Brutpflege

Den Brutpflegereflex der Vögel kennt jeder. Die Vogeleltern stecken in jeden weit aufgesperrten leuchtend roten oder gelben Rachen Würmer, Insekten und andere Köstlichkeiten, selbst wenn dieser Rachen der eines Kuckuckskindes ist. Beim Menschen gibt es ähnliche Reaktionen. Kleinkinder mit großem Kopf, großen, runden Augen, kurzer Nase und runden Wangen aktivieren vor allem bei Frauen Beschützerinstinkte und den besagten Brutpflegereflex.

Nun entspreche ich, bis auf den »Dickkopf«, wirklich in keiner Weise diesem Kindchenschema und habe längst aufgehört, meine grauen Haare zu zählen. Trotzdem löse ich seit meiner Kindheit regelmäßig solche Reaktionen aus, obwohl ich höchstens beim Zahnarzt den Rachen weit aufsperre. Ob das an mir liegt oder an den vom Reflex betroffenen Frauen, kann ich nicht sagen. Meine Mutter hat immer einen üppigen Rest Buttercreme in der Teigschüssel gelassen, eine Handvoll Rosinen zu viel gewaschen und mir noch im Studium für jeden Tag einen Riegel Mars mitgegeben. Ich kann mich in keiner Kantine sehen lassen, ohne dass man mir einen Nachschlag oder eine Extraportion vom Dessert aufdrängt. Meine Tante Hilde geriet vor kurzem in helle Aufregung, als ich ablehnte, ein paar von den dreißig Frikadellen mit nach Hause zu nehmen, die sie für sich und ihren Mann *zufällig* gerade an dem Tag gebraten hatte, für den mein Besuch geplant war. Ich konnte sie nur beruhigen, indem ich mir ein halbes Weißbrot, genauso zufällig gerade frisch gebacken, einpacken ließ.

Nun kann ich nachvollziehen, dass meine äußere Gestalt diesen Reflex auslöst, aber er funktioniert nicht nur bei Lebensmitteln: Kürzlich wollten Tante Pia und ich alte Fotos anschauen.

»Das ist kaum zu erkennen«, sagte ich. »Moment, ich habe eine Lupe. *Tchibo*, letzte Woche. Ich habe gleich zwei gekauft.« Natürlich nahm ich an dem Abend eine Lupe mit nach Hause. Ein Besuch bei dieser Tante ist inzwischen ein Drahtseilakt. Wenn sie etwas Neues oder Besonderes hat, dosiere ich mein Lob ganz fein, sonst müsste ich jedes Mal den kompletten Kofferraum mit spontanen Geschenken beladen und würde womöglich irgendwann von Tante Pias Kindern der Erbschleicherei bezichtigt.

Mir ist auch nicht klar, ob dieser Reflex in jeder Frau angelegt ist, ob er sich mit zunehmendem Alter entwickelt und ob er sich im Lauf der Zeit zurückbilden sollte. Möglicherweise ist er hormoninduziert und/oder wird erst in einer Schwangerschaft aktiviert. Vielleicht ist er auch genetisch verankert. In meiner Familie jedenfalls hat ihn ausnahmslos jede Frau, und bei den meisten ist er inzwischen generalisiert, obwohl die Brut längst ausgeflogen ist.

Ich habe keine eigenen Kinder, befand mich aber immer in dem beneidenswerten Zustand, mir bei Bedarf Neffen und Nichten ausleihen zu können, ihnen reichlich Blödsinn in den Kopf zu setzen und sie den Eltern zurückzubringen, wenn sie zu anstrengend wurden. Inzwischen sind die lieben Kleinen erwachsen. Ab und zu besuchen sie ihre alte Tante, zum Beispiel am Namenstag im Sommer. Natürlich kaufe ich vorher etliche Kleinigkeiten ein und backe auch, ihr Lieblingsbrot mit extra viel Körnern und Nüssen und meinen Erdbeerboden. Der Kühlschrank sieht einen Tag vorher ganz proper aus. Und endlich sind sie da, erzählen, essen, lassen sich verwöhnen. Obwohl es uns allen gut schmeckt, sind abends noch reichlich Vorräte übrig. Ein paar Reste packe ich ihnen ein. »Der Auflauf ist für morgen, dann müsst ihr nicht kochen.« Ich begleite sie zum Auto und winke ihnen nach.

Später räume ich in der Küche auf. Im Kühlschrank stehen ein paar Filmrollen, meine Augentropfen und ein Glas Senf. Was esse ich eigentlich morgen Mittag?

Fritz mit Spitz

Fritz mit Spitz.
Fritz: »Sitz, Spitz, sitz!«
Spitz sitzt.

Fritz: »Flitz, Spitz, flitz!«
Spitz sitzt.
Mist!

inspiriert von Ernst Jandl: »Ottos Mops«

Krakentraum

Was ein Huhn ist, weiß Kasimir nicht so genau. Kraken und Hühner treffen ja eher selten aufeinander. Aber Kasimir stellt es sich wunderschön vor, groß und bunt und geräumig mit vielen Kammern in verschiedenen Farben: blau, braun, grün, vielleicht auch lila oder gelb. An den Wänden des Huhns hängen kostbare Algentapeten, und ein grüner Planktonteppich polstert das Ganze aus. Selbstverständlich gibt es auch ein Musikzimmer mit verschiedenen Instrumenten, Flöten, Geigen und ein Klavier, auf dem Kasimir achthändig spielen kann.

Noch wohnt Kasimir unter einem dicken Stein direkt hinter dem Korallenriff, aber er wird Ausschau halten, fremde Fische befragen, notfalls bis ans andere Ende der Welt reisen, wo alles auf dem Kopf schwimmt. Und irgendwo dort wird er sein Huhn finden und eine liebe Krakenfrau. Sie werden mit ihren Kindern im Huhn leben, rauschende Feste feiern und es sich gut gehen lassen.

My Huhn is my castle!

Zwei Schleichen

Zwei Schleichen schlichen blind umher
vom Möhnesee ans Mittelmeer.
Dort war'n sie gar nicht glücklich,
drum schlichen sie zurück sich.

Paradies

Verlockend rot glänzte der Apfel,
den Eva ihm mit einer verführerischen Geste darbot.
»Nein danke«, sagte Adam, »Fructoseintoleranz!«

Schöne neue Welt

Hätte in den Siebzigern jemand prophezeit, dass eines Tages in den Geschäften die selbstklebenden handgeschriebenen Preisschildchen durch Strichcodes und die Registrierkassen durch dauerpiepsende Scannereinheiten ersetzt würden, man hätte ihm allenfalls einen dauerpiepsenden Vogel im Oberstübchen attestiert. Und weit rasanter noch als dieser technische Fortschritt war die Entwicklung der Umgangsformen im Einzelhandel.

Bei uns im Münsterland gab es früher ganz klare Regeln, die auch in jedem Geschäft galten. Standardbegrüßung je nach Tageszeit *Moin!*, *Tach!* oder *'n Abend!*, je nach Gesprächspartner hoch- oder plattdeutsch, je nach aktueller Befindlichkeit mit Punkt oder Rufzeichen. Standardverabschiedung: *Wiedersehn* oder *Tschüss*. Auf Plattdeutsch brach sich natürlich die bekannte westfälische Herzlichkeit Bahn: *Gutgoahn!* oder die Steigerung *Lott Di't gut goahn!* – *Lass es Dir gut gehen!* die aber nur in begründeten Ausnahmefällen.

Mit dem Schwinden der Tante-Emma-Läden, der kleinen Bäckereien und Metzgereien, wo jede Verkäuferin wusste, welcher Kunde welche Sorte und Menge Käse, Brötchen oder Aufschnitt kaufte, wurde die Parole vom Kunden als König und der persönlichen Kundenbindung ausgegeben und das Personal entsprechend geschult. Eine Form der persönlichen Kundenbindung ist es, den Namen des Kunden mindestens einmal in jeden einzelnen Satz einzuflechten, als festen Bestandteil wie *Subjekt, Prädikat, Objekt* und das sauerländische *woll*. »Gucken Sie mal, Frau Marpert, das ist doch was für Sie, *woll!*« Nur: In Supermärkten und Discountern müsste die Kassiererin oder der Kassierer den Namen jedes einzelnen Kunden erfragen, im

Gedächtnis behalten und kunstvoll in den Zahlvorgang sowie die Fragen nach der Postleitzahl, Treuepunkten oder Payback-karten und der Zufriedenheit mit dem Einkauf einfügen. Das aber hätte einen höheren Zeitaufwand, höheren Personalbedarf und im Endeffekt höhere Preise zur Folge.

Da gibt es eine deutlich einfachere Methode: den *schönen Tag*. Innerhalb weniger Jahre ist dieser Ausdruck zu einem integralen Bestandteil der Abfertigung an fast jeder Supermarkt- oder sonstigen Kasse geworden und wird inzwischen geradezu inflationär benutzt. Meist verschmilzt der *schöne Tag* oder der *schöne Abend* mit dem Abschiedsgruß zu einem einzigen Wort: *Tschüsschöntachnoch!*

Aber es geht auch anders: In einem Express-Drogeriemarkt im Bahnhof – da muss es schnell gehen, da zählt jedes Wort! – durfte ich eine bis zur Perfektion ausgearbeitete *Performance* erleben. Scannen, kassieren, Wechselgeld und Kassenbon herausgeben in einer einzigen fließenden Bewegung, begleitet von einem rhythmischen Sprechgesang: »ZweiEurofünfundsiebzig – fünfundzwanzig Cent, Kassenbon.« »DreiEurovierundsechzig – einEurosechsunddreißig, Kassenbon.« Und dann kam ich an die Reihe. 160 Wattestäbchen zu 25 Cent, Kleingeld schon passend herausgesucht. »FünfundzwanzigCent, Kassenbon, *schönen Tach!«* Ein »*schöner Tag*«, exklusiv und nur für mich. Den hatte ich mir ehrlich verdient!

Meist aber werden die *schönen Tage* den Kunden geradezu aufgedrängt. Nur liegt die Schönheit im Auge des Betrachters. Für *sie* ist ein *schöner Abend* ein Konzertbesuch oder ein gemütliches Essen bei Kerzenschein, für den Partner womöglich ein Bundesligaspiel mit Chips und Bier, im Jogging-Anzug auf dem Sofa. Und ein gemeinsam verbrachter *schöner Abend*? Im günstigsten Fall gehen sie in der ersten Halbzeit spazieren ...

Jüngst wünschte mir ein Mitarbeiter einer ortsansässigen

Computerfirma »*Schöne Woche noch!*« – an einem Mittwochmorgen! Mein erster Gedanke: »Mensch, ist der großzügig!« Der zweite Gedanke: »Die stehen kurz vor der Insolvenz. Die fahren jetzt die ganz schweren Geschütze auf!«

Letzten Freitagnachmittag verabschiedete mich die Kassiererin im Supermarkt mit »*Schöne Woche!*« Beinahe wäre ich ihr an die Gurgel gegangen: »Da kommen Sie reichlich spät. Die Woche ist fast vorbei!«

Am Radio hörte ich kürzlich: »*Schönes Leben noch!*« Wie soll ich das denn wohl machen? Nie wieder zum Zahnarzt, nie wieder Autobahn oder Zug fahren? Gnadenlos übertrieben, der Spruch.

Aber wo wir gerade von Zügen sprechen: Die Deutsche Bahn ist auf diesen *Schöner Tag*-Zug aufgesprungen und bietet jetzt *Schöner-Tag-Tickets* und sogar *Schönes-Wochenende-Tickets* an, gültig im öffentlichen Nahverkehr. Im öffentlichen Nahverkehr! Ein schöner Tag im öffentlichen Nahverkehr, das ist ein schwarzer Schimmel, ein Widerspruch in sich. Da muss man nur mal im Großraumabteil von Soest nach Dortmund fahren. Über die sanitären Anlagen wollen wir gar nicht erst reden.

Ach, was soll's, ich reg mich bloß wieder auf! Ich mach jetzt Schluss. *Schön Tachnoch!*

**Warum einfach,
wenn es auch *Marpert* geht?**

Gebrauchsanweisungen

Die Amerikaner stecken nach einem Regenguss ihre Katze zum Trocknen in die Mikrowelle, und wenn Mieze das nicht überlebt, verklagen sie den Gerätehersteller. Kein Wunder, dass in den USA selbst ein Zahnstocher mit einer umfangreichen Gebrauchsanweisung samt Warnhinweisen versehen wird. Und wir Deutschen befinden uns auf dem besten Wege dahin.

Vor kurzem bekam ich einen Schal geschenkt mit mehrseitiger Anwendungsbeschreibung. Anwendungsbeschreibung! Für einen Schal! Na ja, er ist 1,80 m lang und mit Fröschen bedruckt, vielleicht stellt das besondere Ansprüche an die Trägerin. Bis dahin hatte ich geglaubt, die größte Schwierigkeit im Zusammenhang mit einem Chiffonschal sei die korrekte Aussprache und Schreibweise, aber weit gefehlt.

Man nutzt den Schal wie folgt: doppelt nehmen, die rechte Hand hineinstecken, das freie Ende greifen, durch den oberen Teil ziehen, eine Schlinge bilden, das freie Ende um den Hals legen, vor dem Körper das freie Ende mit der rechten Hand durch die Schlinge ziehen – fertig.

Nur ein gütiges Schicksal hat mich vor dem Strangulationstod bewahrt.

Vor einiger Zeit habe ich meine fünf Jahre alte Spiegelreflexkamera, Modell *450 D*, durch die *700 D* ersetzt. Hatte der alte Apparat noch eine Anleitung von 193 Seiten, so umfasst die aktuelle Version 387 Seiten. Auch ohne Studium der Mathematik lässt sich leicht errechnen, dass die Anleitung für die nächste Kamera, die *950 D*, mindestens 194 Seiten mehr haben wird, vielleicht sogar doppelt so viel wie die *700 D*. Die hat ja auch doppelt so viel wie die *450 D*. Diese 774 Seiten habe ich wahrscheinlich noch nicht durchgearbeitet, bevor wiederum nach fünf Jahren ein neues Modell fällig ist.

Vor einigen Wochen gab mein Wasserkocher seinen Geist auf. Nach ausgiebiger Lektüre von Fachliteratur und Testberichten sowie einer Exkursion durch die Elektronikmärkte der Stadt erstand ich den *WZ 602*, der je nach Verwendungszweck das Wasser auf 70, 80, 93 oder 100 °C erhitzt und eine Warmhaltefunktion hat. Ganz oben im Paket lag ein DIN A5-Heft. Natürlich, die Gebrauchsanleitung. *Vierundzwanzig Seiten!* Aber nur die ersten zwölf Seiten auf Deutsch, der Rest in Englisch.

Seite eins: Vorwort.

Hallo? Hat *Krieg und Frieden* ein Vorwort? Hat die Bibel ein Vorwort? Hier ist eins. Es besagt, dass mein neuer Wasserkocher speziell zum Brühen von Filterkaffee per Hand entwickelt wurde und das Wasser auf 93 °C ± 3 °C erhitzt. Das ist immens wichtig! Bei Verwendung von zu heißem oder kaltem Wasser wird der Kaffee nämlich schwach und verliert an Aroma.

Da habe ich jahrelang völlig unbedarft nach Altmüttersitte Wasser gekocht, Pi mal Daumen abkühlen lassen und portionsweise in den Kaffeefilter gekippt. Welch Barbarei!

Seite zwei bis vier, also ein Viertel des gesamten Textes: Sicherheitshinweise. Fast schon amerikanische Verhältnisse. Die schenke ich mir. Ich habe eine Unfallversicherung.

Also los: Zuerst muss ich die frischen Bohnen mit einem mittleren Mahlgrad mahlen, so dass sich der Kaffee ungefähr wie Zucker anfühlt, danach das Pulver 2½ bis 5 cm anfüllen.

Das mit dem Mahlgrad kriege ich hin. Aber die Dosierung? Für meine Tasse Kaffee brauche ich ein gestrichenes Kaffeelot. Mahlen, in den Filter kippen und die Höhe mit dem Zollstock messen. 1,2 cm. Mist! Also noch mal ran an die Kaffeemühle und aufgefüllt bis auf 2,5 cm. Das sind 37 ml Kaffeepulver. Bei Höhe 5 cm ergeben sich 78 ml. Ein Kaffeelot fasst 14 ml.

Mittels Dreisatz ergibt sich, dass ich pro Filtergang mindestens 2,64 und maximal 5,57 Tassen Kaffee kochen kann beziehungsweise muss. Wenn ich meinen morgendlichen Bedarf von einer Tasse abziehe, bleiben zwischen 1,64 und 4,57 Tassen Kaffee übrig. Bis nachmittags wird der auch in der Isolierkanne kalt. Jeden Morgen Frühstücksgäste einladen? Das geht gar nicht. Ich bin bekennender Morgenmuffel! Also: demnächst zum Frühstück 2,64 Tassen Kaffee. Hoffentlich macht meine Pumpe das mit.

Weiter geht's: Ich soll nun das Wasser kreisförmig eingießen. Der Filter ist unten oval, nicht kreisförmig. Gieße ich also kleine Kreise mit einem Durchmesser von 1,5 cm und riskiere, nicht alles Pulver zu erwischen, oder große Kreise mit einem Durchmesser von maximal 10 cm und 1 cm Sicherheitsabstand zum Rand? Oder gieße ich oval? Und in welcher Richtung? Mit oder gegen den Uhrzeigersinn?

Zwölf Seiten Gebrauchsanweisung, und die wesentlichen Fragen bleiben offen. Vielleicht sollte ich etwas anderes trinken, Tee zum Beispiel. Auf Seite 9 und 10 stehen die zur Herstellung – nein, Komposition – eines guten Tees notwendigen Handgriffe. Eine japanische Teezeremonie ist nichts dagegen! Ach, ich koche erst einmal einfach nur Wasser.

Wenn der Kochvorgang beendet ist, ertönen angeblich drei Pieptöne.

Da piept nichts! Oder wenn da was piept, wird es vom Blubbern des kochenden Wassers übertönt. Höchste Zeit für eine Pause. Nach der Tagesschau zurück in die Küche. Ja, jetzt piept es. Eine halbe Stunde lang gibt der *WZ 602* Geräusche von sich wie ein verlassenes Vogeljunges.

Wenn der piept, kann ich mir einen zwitschern. Für Kaffee ist es sowieso zu spät, die Tee-Anleitung arbeite ich morgen durch. Aber im Kühlschrank steht noch ein Fläschchen Bier, und das kriege ich auch ohne Gebrauchsanweisung auf.

Ich

hibbel-ich und kribbel-ich
kitzel-ich und manchmal witz-ich
das bin ich

ussel-ich und schussel-ich
peinl-ich und kleinl-ich
nee, eher nich ...

micker-ich und knicker-ich
nickel-ich und pickel-ich
widerl-ich und liederl-ich
bin ich n-ich

oder doch?
och ...

Frauen und Schuhe

Es heißt, dass Frauen liebend gern Schuhe kaufen. Ich jedenfalls nicht. Für mich ist Schuhe-Kaufen Stress. Als Kind hatte ich Plattfüße. Schmal waren sie auch. Ich bekam Einlagen vom Orthopäden. Einlagentaugliche Schuhe kaufen für schmale Plattfüße, das ist ein Projekt für mindestens einen Tag. Nach einigen Jahren haben wir den Orthopäden gewechselt, jetzt hatte ich angeblich Hohlfüße. Der erste Arzt hatte es wohl etwas zu gut gemeint. Ich wuchs und wuchs und meine Füße mit mir. Irgendwann sind wir einfach nicht mehr zum Arzt gegangen, somit war auch Schluss mit den Einlagen. Mit fünfzehn hatte ich Schuhgröße 41. Mein Vater war 1,86 m groß, Schuhgröße 48, meine Mutter 1,60 m, Schuhgröße 41. Mittels Dreisatz war aus diesen Zahlen leicht zu ermitteln, dass ich wahrscheinlich mindestens bei Größe 43½ enden würde. In den Siebzigern waren Schlaghosen modern, aber selbst der größte Schlag reichte nicht aus, um meine riesigen Füße zu verdecken. Wenn ich während der Messe nach der Kommunion in der Kirchenbank kniete, guckte ich den anderen Kirchgängern, die hintereinander zurückkamen, andächtig auf die Schuhe, um zu sehen, ob es außer mir noch mehr Leute mit so großen Füßen gab.

Glücklicherweise war ich damals schon fast ausgewachsen und bin bei Größe 41 geblieben. Das ist ein Grenzwert, für den man mit etwas Glück noch Schuhe findet. Leider brauche ich inzwischen wieder Einlagen, was den Schuhkauf nicht einfacher macht. Ich gestalte das Ganze inzwischen sehr ökonomisch. Ich gehe in ein Schuhgeschäft, spreche eine Verkäuferin an, danach läuft immer der gleiche Dialog:

»Ich suche ein Paar Schuhe in Größe 41.«

»Da hinten ist das Regal mit 41er Schuhen, da können Sie mal gucken.«

»Wissen Sie, ich habe schmale Füße und Einlagen, der Großteil der Schuhe wird nicht passen. Zeigen Sie mir bitte diejenigen, die für mich in Frage kommen.«

Auf diese Art probiere ich in jedem Laden maximal vier Paar Schuhe und schaffe es, in weniger als 45 Minuten alle fünf Geschäfte in der Innenstadt abzuklappern, meist ohne Erfolg. Dafür habe ich wesentlich mehr Platz in den Schränken als andere Frauen, weil ich von jeder Sorte nur ein Paar besitze:

feste Schuhe, Wanderschuhe, Walkingschuhe für den Sommer, Walkingschuhe für den Winter, Turnschuhe für draußen, Turnschuhe für drinnen, Sandalen für Wanderungen, schicke Sandalen, Schuhe für Hochzeiten, in denen ich allerdings nicht gut laufen kann, also noch ein zweites Paar, das nicht ganz so schick, aber besser zum Tanzen geeignet ist, halbhohe Schuhe, Schuhe, die man zum Rock tragen kann, sehr robuste Schuhe für Fotoausflüge.

Und natürlich ein Paar rote Schuhe, denn rote Schuhe braucht jede Frau!

Morgendliche Gedanken vor dem Kleiderschrank

Da stehe ich schon wieder mal
und hab die Qual der Miederwahl.

Multifunktionsspezialitäten

Alle Jahre wieder denke ich mit Wehmut im Herzen an den blauen Gymnastikanzug, in dem ich mich durch die gesamte Realschulzeit und alle angebotenen Sportarten – Gymnastik, Geräteturnen, Circle-Training, Völkerball – von einer Vier zur nächsten gehangelt habe. 100 % Polyacryl, Größe 164, in Klasse 5 auf Zuwachs gekauft, ab Klasse 8 *sehr* dehnbar. Multifunktional in jeder Hinsicht!

Später lernte ich bei Fahrrad-, Wander- und Langlaufreisen mit kleinem Gepäck (Multi-)Funktions-T-Shirts und -wäsche zu schätzen, und natürlich Handwaschmittel.

In den Neunzigern gab es eine sportliche Trendwende hin zur Spezialisierung. Mich erreichte sie in Form von Rechts-Links-Socken. Aber das war erst der Anfang, sozusagen der *Commodore 64* der Sportbekleidung. Alle Jahre wieder finden sich Anfang Januar in Supermärkten und Discountern die aktuellsten Sportklamotten und Trainingsgeräte, direkt neben den preisreduzierten Weihnachtsleckereien. Selbst ich als erfolgreiche Englisch-Leistungskurs-Absolventin stoße inzwischen an meine Grenzen: *Sporttubes, Seamless-Tops, Sport-Pareos, Fitness-Tights* – wer blickt da noch durch? Zum Glück sind meist Bilder auf den Verpackungen, aber auch die lassen Fragen offen: Darf man in einer *Jazzpant* Zumba machen oder kann da was schiefgehen? *Chino-Sweathosen*: Was ist *Chino*? Eine Sportart, das Material oder das Herkunftsland?

Mit dieser rasanten Entwicklung kann ich nicht Schritt halten. Daher beschränke ich mich auf die für mich als Walkerin wichtigen Neuerungen, und – aus Platzgründen – in diesem Text auf einen Körperteil, der häufig sträflich vernachlässigt wird. Den schlechten Ruf des deutschen Fußes widerlegt meisterlich der Trainer meines Walking-Vereins. In seinen neuen neon-orangenen Walkingschuhen walkt er uns im wahrsten Sinne des Wortes als leuchtendes Beispiel voran, in einer derartigen Dynamik, dass selbst den Power-Walkern mitunter die Luft wegbleibt.

Der Kauf solcher Schuhe ist eine Wissenschaft für sich! Früher guckte man nach der Schuhgröße und, wenn es hochkam, dem Geschlecht des Sportlers. Heute kommen hinzu: Schuhweite, Körpergewicht, die Frage nach Einlagen, Prooder Supinationsneigung, Jahreszeit, Wetter und natürlich individuelle Wünsche an Farbe und Material.

Zwingend notwendig für den sportlichen Erfolg sind die nach den gleichen Kriterien erworbenen Walking- oder Nordic Walking-Socken. Der allerletzte Schrei: *X-Socks Uni Kompressionsstrumpf Run Energiser*®, ein Kompressionsstrumpf mit anatomischer Rechts/Linksform, *Air Conditioning Channel*® und *Smart Compression Zone*. Was um alles in der Welt ist ein *Air Conditioning Channel*? Eine Klimaanlage? Vielleicht gar nicht schlecht in Sportlersocken. *Smart Compression Zone* – die soll die Blutzirkulation und Nährstoffversorgung fördern und sich positiv auf Bewegungsablauf und Regeneration auswirken. Gesamtwirkung: Erhalt der Leistungsfähigkeit und Entlastung des Herz-Kreislauf-Systems. Ein wahres Wunderwerk der Bekleidungstechnologie! Wie wichtig das ist, zeigt der tragische Fall des allerersten Marathoni Pheidippides. Er lief im Jahr 490 v.C. von Athen nach Sparta und das nach heutigen Maßstäben eher langsam. Am Ziel brach er tot zusammen. Mit *X-Socks Uni Kompressionsstrumpf Run Energiser*® wäre das nicht passiert!

Ob ich beim Walking mit einfachen Rechts-Links-Socken und den acht Jahre alten Walkingschuhen auch vital bedroht bin? Wenn ja, zahlt im Fall des Falles die Lebensversicherung oder ist es als »selbstgefährdendes Verhalten« von der Leistungspflicht ausgeschlossen? Ist Sport vielleicht doch Mord?

Ein Lichtblick im Dunkel dieser vielen Fragen und Zweifel ist für mich ein Zeitungsartikel zum Thema Sport, in dem unter anderem die ungeheure Effektivität des Walkings – wissen wir längst! – beschrieben und außerdem eine australische Studie zitiert wird: »Der Sensenmann hat eine Durchschnittsgeschwindigkeit von 2,9 und eine Maximalgeschwindigkeit von 4,89 Stundenkilometern.« Allerdings steht nicht dabei, ob er diese Messwerte in seiner normalen Arbeitskleidung inklusive Sense oder im Sportdress und *X-Socks Uni Kompressionsstrumpf Run Energiser®* erzielt hat. So, oder so, den Sensenmann hängt ein Walker doch locker ab.

Es lebe der Sport!

Radfahren

Ich radle um den Möhnesee
und denke vor mich hin,
auf meine ganz spezielle Art
mit ganz speziellem Sinn.

Für die Tonne

Ich stehe im Keller des Seminarhauses mit einer leeren Bananenschale in der Hand. Ich öffne den Mülleimer. Keine Mülltüte drin. Und auch kein Müll. Mist! Wenn ich die Schale jetzt in den leeren Treteimer werfe und sie mit der Innenseite nach außen fällt, klebt sie am Eimer fest. Dann muss die Putzfrau, wenn sie gründlich ist, den Eimer von innen auswaschen. Und wenn sie nicht gründlich ist, wächst womöglich darin eine riesige Schimmelkolonie, weitere Nutzer der Mülltonne oder die Reinigungskräfte inhalieren die Schimmelsporen und ziehen sich so die übelsten Krankheiten zu, durch mein Verschulden.

Ich könnte mich natürlich in die Tonne hineinbeugen – es ist eine große Tonne, mindestens dreißig Liter! – und die Schale ganz vorsichtig so platzieren, dass sie nicht mit der Innenseite nach außen liegt. Aber was, wenn jemand die Tonne bewegt und somit wieder die klebrige Seite der Bananenschale an die Wand rutscht?

Soll ich die Schale in eine Zeitung wickeln und in die Tonne legen? Aber erstens habe ich keine Zeitung, zweitens fault die Schale auch dann, die Zeitung weicht durch, es klebt ... Oder ich warte einfach bis Mittag. Vielleicht ist bis dahin die Tonne voll, und meine Bananenschale wird vom übrigen Müll quasi ummantelt. Am günstigsten wäre es, den Biomüll in eine Biotonne zu entsorgen. Hier unten ist keine. Ob ich mal hinter dem Haus nachsehe? Dann kann ich auch gleich in Erfahrung bringen, wie oft die Müllabfuhr kommt.

Mein Neffe behauptet, dass der ganze Abfall sowieso in der Deponie zusammengekippt wird und deshalb das Trennen sinnlos ist. Hat er bei *Galileo* gesehen. Ich gucke ja keine Kabelkanäle, aber die *Sendung mit der Maus*. Die wissen sicher etwas zu dem Thema. Oder Ranga Yogeshwar. Müsste ich im Internet recherchieren, in der Mediathek des WDR.

Hmmmm.

Von der Seite kommt eine alte Dame mit einem verblühten Strauß Tagetes in der Hand. Deckel auf, Blumen rein, zack, weg ist sie.

Ich stehe da, mit offenem Mund und einer fast schwarzen Bananenschale in der Hand. Und aus der Tiefe – der Tiefe meines Magens – dringt ein Knurren. Das kann doch nicht wahr sein! Ich habe gerade erst eine Banane gegessen. Ach ja, der Gehirnstoffwechsel macht zwanzig Prozent des gesamten Energiebedarfs aus. Und mein Gehirnstoffwechsel ist ja durch die ganze Biomülldenkerei quasi explodiert. Ich brauche Nervennahrung.

Eine Banane? Nein, keine Banane!

Zwei Ladys

Zwei Ladys tranken früh schon Sekt,
und so begann ihr Tag perfekt.
Die eine trank noch munter weiter,
so blieb den ganzen Tag sie heiter.

Apfelstreuselkuchen

Ein fester Bestandteil meiner Jugend, im wahrsten Sinne des Wortes, war Mutters Apfelstreuselkuchen. Niemand, wirklich niemand außer ihr konnte ihn so zubereiten: ein Blechkuchen, belegt mit Boskop, bekanntlich der beste Apfel überhaupt. Äpfel und Streusel mag es anderswo auch geben, aber der Boden, der war einzigartig.

Ganze Kathedralen hätte man daraus errichten können, und er hätte mit Sicherheit die Jahrhunderte besser überdauert als dieser bröselige Grünsandstein, auf den die Soester so stolz sind. Selbst die Loriot'sche Steinlaus hätte vor Mutters Kuchen kapituliert. Die Härte technischer Werkstoffe wird auf einer Skala mit dem bezeichnenden Namen *Rockwell-Skala* bestimmt, und dort hätte dieses Material als einziges einen dreistelligen Wert erreicht.

Hätte meine Mutter zur Zeit Jesu in Jerusalem gelebt, so hätte sie zu jeder Steinigung ein Blech Apfelstreuselkuchen mitgenommen, und das nicht, um sich und das übrige Publikum zu beköstigen. Aber solche Veranstaltungen wären für sie selbstredend niemals in Frage gekommen.

Mein Pausenbrot bestand über Jahre aus diesem köstlichen Backwerk. Natürlich konnte ich es nur in der großen Pause verzehren, es zählte eindeutig zur Kategorie *slow food*. Nun fragen Sie mit Recht, warum ich, trotz täglichen Kuchengenusses über Jahre, eher schlank bin. Ganz einfach: negative Energiebilanz! Um das Gebäck mundgerecht zu zerkleinern, musste man *sehr* lange kauen, und dabei verbrauchte ich offensichtlich wesentlich mehr Kalorien, als im Kuchen enthalten waren.

Zwei Eigenschaften verdanke ich wahrscheinlich nur diesem Kuchen: Meine Zähne sind alle gesund; ich habe noch nie eine Wurzelbehandlung gehabt. Ein auch nur leicht beschädigter Zahn hätte Mutters Kuchen nicht überstanden. Meine Kaumuskulatur ist durch das jahrelange Apfelstreuselkuchentraining so stark geworden, dass sie mir in den Zeiten, in denen ich mehr als einmal die Zähne zusammenbeißen musste, sehr von Nutzen war.

Das hat meine Mutter zum Glück nicht mehr erlebt. Sie hat das Rezept mit ins Grab genommen, genau wie das für ihren köstlichen *Errappelpannekoken* – das hochdeutsche Wort *Reibekuchen* kann diesen Genuss nicht mal ansatzweise wiedergeben – und das für die eingelegten Gurken und Zwiebeln aus dem eigenen Garten. Falls ich aber dereinst in den Himmel kommen sollte, wird sie mich mit einem großen Teller Apfelstreuselkuchen empfangen, und mit so viel Sahne, dass ich den kompletten Kuchen mit einer riesigen weißen Schicht bedecken kann, wie ich es als Kind getan habe. Und selbst wenn ich dann schon neunzig bin, die Sahneschüssel werde ich auch noch auslecken, egal, was die übrige Verwandtschaft und insbesondere Tante Lenchen dazu sagt.

Übrigens habe ich inzwischen eine Art Sahne entdeckt, die optimal zu Mutters Kuchen passt, eine feine Creme zum Schlagen: »gelingt immer perfekt und ist sehr standfest«. Wenn man ein bisschen echte Vanille hineinkrümelt und das Ganze eine halbe Stunde stehen lässt, kann man es anstelle von Zement verwenden oder auch bröckeligen Putz sanieren, Bohrlöcher auffüllen und ähnliches.

Hält ewig!

Titel ohne Gedicht

Der dreizehnte Monat

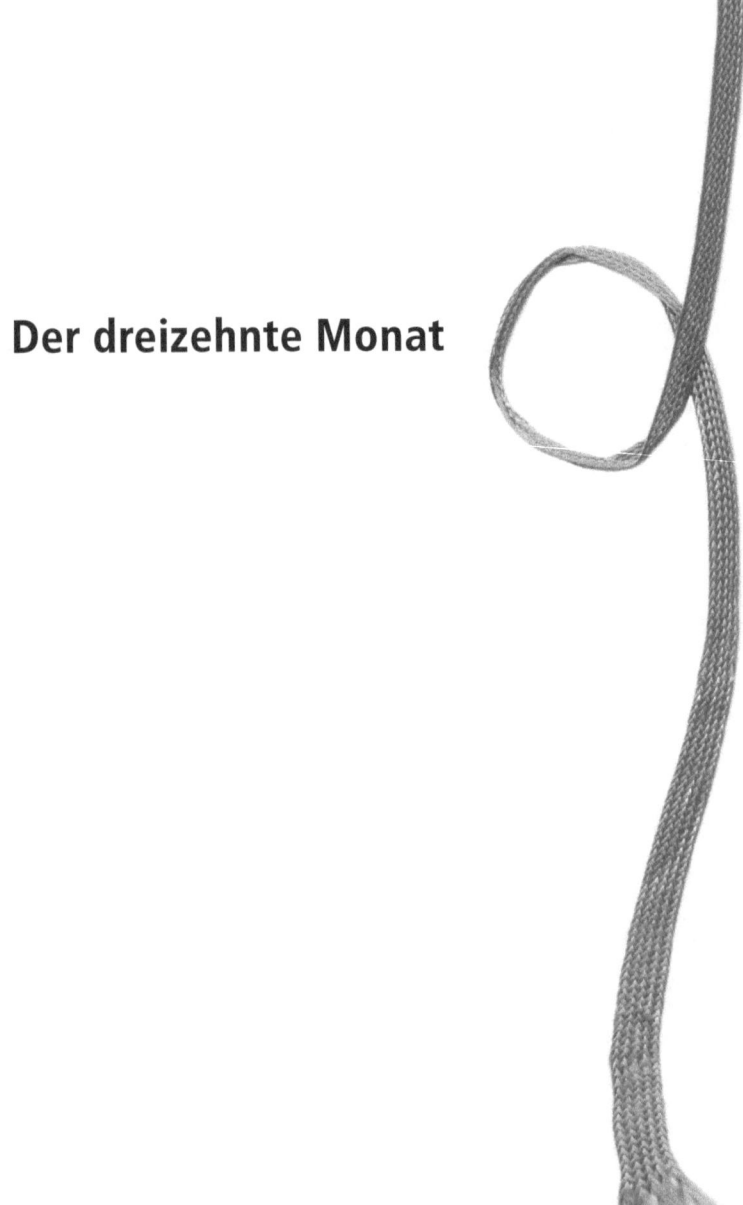

Allerheiligenkirmes

Zur Kirmeszeit steht generell
auf jedem Platz ein Karussell.
Es lärmt, es blinkt, es leuchtet grell,
es kreist und wirbelt rasend schnell.
Man schreit, man grölt: »Sensationell!«,
und stürmt in jedes Fahrgestell.

Ich hab ein zartes Naturell
und meide so was prinzipiell.
Man drängt zum Kettenkarussell:
»Nur dieses Mal, es fährt nicht schnell!«
Ich werde einfach reingeschoben,
die Kette zu, schon bin ich oben.

Das Tempo steigt exponentiell,
Kinder kreischen glockenhell,
ich bete schnell ein Last Farewell.

Die Leber drängt sich an die Milz,
dazwischen bleibt kein Platz für Pils,
und eine Niere nach der andern
beginnt dank Fliehkraft mit dem Wandern.
Fluchtgedanken prall'n behände
von innen an die Schädelwände,
nur Panik bleibt: »Das ist das Ende!«
Mein Herz schlägt plötzlich nicht mehr links,
stattdessen fühle ich ein – Dings!
Ich spür ein Klopfen in der Hose,
ich hab 'ne Karussellneurose!

Oh nein, jetzt dreht sich's andersrum,
ich sitze starr und leide stumm.
Mir ist nun alles einerlei,
dann endlich, endlich ist's vorbei.

Ich winde mich aus dem Gestänge,
und zwänge mich durch das Gedränge!
Nur fort von diesem Quell der Qual
und heim ins stille Möhnetal!

»Das war das allerletzte Mal!«,
schwör ich. Ich schwöre jedes Jahr. –
Und niemals, niemals wird es wahr!

Pferdemarkt

Kirmes ist Pflicht, heilige Pflicht, auch für Zugezogene. Und so gehöre ich seit einigen Jahren zu den Besuchern des Pferdemarkts. Nicht zu den Spätaufstehern, die sich ab zehn Uhr morgens im Pulk an den Buden entlangschieben, nein, um zehn sind meine Freundin und ich längst durch. Wir treffen uns um acht, wenn man noch problemlos an jeden Stand kommt, decken unseren Jahresbedarf an Zimt, Anis, Vanille und Weihnachtsgewürzen, kaufen bei den holländischen Zwillingsbrüdern mit den schwarzen Kappen Tulpen- und Amarylliszwiebeln – meine hatte letztes Jahr drei Blüten! – und dann erst schlendern wir, probieren an und auf, gucken, betasten, riechen, staunen über immer neue, völlig überflüssige Haushaltsgeräte. Danach kehren wir mit frischen Brötchen in das warme Haus meiner Freundin zurück, wo ihr Mann mit dem Kaffee auf uns wartet. Wir frühstücken und demonstrieren ihm unsere Beute.

Und dann, ja, dann beginnt meine Vorweihnachtszeit! Ich backe Neujahrshörnchen in rauen Mengen, koche Apfel-Zimt- und Bratapfelmarmelade, backe meinen längst erwachsenen Nichten und Neffen verrückte Geburtstagskuchen, die nie so werden wie geplant – die »Kinder« tragen es mit Fassung –, schreibe dem Nikolaus seine Weihnachtsrede, komme jedes Jahr fürchterlich ins Rotieren und genieße es, alle Jahre wieder!

Wintervergnügen

Hüpfen, Rennen
Die Morgenpost
Die Herbstaster
Das Orgelkonzert
Kürbissuppe
Kichern, Glucksen
Weißt du noch ...
Der Schwarz-Weiß-Film
Eis auf dem See
Das warme Fußbad
Schneeadler
Frühmorgens im Bademantel im Wohnzimmer sitzen und schreiben
Neujahrshörnchen drehen mit heißen Fingerspitzen
Ein Paket zur Post tragen
Das lange Warten
Licht beim Heimkommen
Ein rothaariges Lächeln

inspiriert von Bertolt Brecht: »Vergnügungen«

Weihnachtsdeko

Viele Menschen sehen in der Rückschau die Advents- und Weihnachtstage ihrer Kindheit verklärt in rosigem Licht. Meine Erinnerung an diese Zeit ist nicht rosig, sondern schwarz auf gelb. Ich sage nur ein Wort: UHU! Ein ungeschriebenes Gesetz besagt, dass die Kinder in der Adventszeit Weihnachtsschmuck basteln und die Eltern diesen Schmuck an den Tannenbaum hängen, egal wie scheußlich er ist. Damals gab es zuhause und in der Schule zum Basteln nur UHU. Das funktionierte nach dem Alles-oder-Nichts-Prinzip: Man drückt eine winzige Spur zu fest auf die Tube, und schon klebt alles, wirklich alles! Und wenn man den Deckel nicht gleich wieder draufschraubt, kommt zwei Minuten später nichts mehr heraus. Meine Strohsterne klebten nie, dafür meine Finger. Meine Engel waren absolut fluguntauglich und hatten Speckröllchen aus eingetrocknetem Klebstoff. Mutter konnte nichts wegwerfen – für meine Bastelarbeiten hat sie eine Ausnahme gemacht.

Das Basteltrauma habe ich inzwischen überwunden. Meine Schwester ist Erzieherin und handwerklich wesentlich begabter als ich. Außerdem sind ihre Kinder zu einer Zeit groß geworden, als es schon Heißklebepistolen und Tacker gab. So wurde ich jedes Jahr mit wirklich wunderschöner Weihnachtsdeko überrascht, und auch wenn die Papierkugeln nach nunmehr 22 Jahren nicht mehr dunkelrot, sondern schweinchenrosa sind, hänge ich jedes Teil auf, alle Jahre wieder.

Auch Freunde und Verwandte haben mich zu Weihnachten beschenkt, und da war immer einmal wieder etwas Dekoratives zum Aufhängen oder Aufstellen dabei. Wie meine Mutter kann ich nichts wegwerfen. Mein Bestand umfasst inzwischen fünf große Kartons zuzüglich Krippe und einem Tannenbaum aus

Holz. Damit liege ich sicher nicht über dem deutschen Durchschnitt.

Es gibt nur zwei winzige Probleme: Ich wohne im zweiten Stock. Ich habe nie einen Weihnachtsbaum. Andere Leute können kiloweise Schmuck und Deko an ihrem Baum unterbringen, ich nicht. Na ja, ich bin flexibel, also hänge ich das Zeug an Türen jeglicher Art – Schranktüren, Zimmertüren, Wohnungstür – oben mit Haken und dann an jede Klinke und an jeden Griff.

Ich kann die Wohnung nicht aufschließen, ohne vorher einen hölzernen Mond beiseite zu schieben.

Die Zimmer- und Schranktüren öffne ich ganz vorsichtig und achte beim Schließen darauf, Kugeln, Nikoläuse und dergleichen nicht einzuklemmen. Nach dieser Aktion ist noch reichlich Schmuck übrig. Leichte Sachen klebe ich mit Tesa in Augenhöhe an die Türen. Bunte Tannenzapfen zieren die Thermostatknöpfe an den Heizungen, und in Bad und Gäste-WC hängt an der Klopapierhalterung vor und hinter der Rolle jeweils eine Weihnachtskugel.

Drei volle Kisten noch!

Also: auf die Stehleiter, Haken in die Fensterrahmen und Sterne und Monde dran. Anschließend Fensterbilder auf die noch freien Glasflächen: Schneemänner, Schneeflocken, Nikoläuse, Sterne und Kometen.

Sehr praktisch, so sieht man nicht, dass mein Weihnachtsputz eher minimalistisch ausgefallen ist.

Allerdings ist es jetzt auch tagsüber ziemlich dunkel in der Wohnung. Aber das ist kein Problem: Über die Jahre haben sich reichlich weihnachtliche Teelichthalter und Kerzenständer angesammelt, mit denen ich das traute Heim illuminieren kann.

Sehr gemütlich, sehr besinnlich! Teelichter besorge ich grundsätzlich im Hunderterpack.

Seit Februar 2002 wohne ich in Körbecke und habe in

dieser Zeit ein ausgefeiltes System erarbeitet, nach dem alle Weihnachtsdekosachen an genau dem Platz aufgestellt werden, wo sie am besten zur Geltung kommen. Dieses System ist hochsensibel. Jede unbedachte Änderung der Ganzjahresdeko kann die komplette Weihnachtsschmucklogistik zum Kollabieren bringen.

So habe ich im Juni eine neue selbstgebastelte Pinnwand installiert: ein güldener Rahmen aus dem Nachlass meiner Eltern, dahinter eine Metallplatte, mit rotem Samt bezogen. Sehr gediegen! Im Sommer ideal für Urlaubspostkarten und im Winter ein würdiger Hintergrund für die Weihnachtskarten, die zum Fest hoffentlich in großer Zahl eintreffen werden. Was ich nicht bedacht hatte: Diese Planstelle ist seit 2008 mit meinem selbstgestrickten Adventskalender belegt, einer Wäscheleine mit 24 kleinen Socken. Dafür muss ich also einen anderen Platz finden. Nach langer Überlegung inklusive Studium der Wohnungsinserate – vielleicht brauche ich eine größere Wohnung oder gar ein Haus? – habe ich diesen Adventskalender an zwei Türhaken an der Innenseite der Wohnungstür befestigt.

Jetzt laufe ich natürlich Gefahr, dass jeder Gast beim Verlassen meines Domizils in eine der Minisocken greift und sich ein Abschiedsgeschenk mitnimmt.

Erfreulicherweise reicht die Pinnwand nicht aus für meine Festtagspost. Daher hänge ich die meisten Karten mit Weihnachtswäscheklammern an zwei höchst dekorativen Leinen im Wohnzimmer auf. Seit Jahren habe ich mich daran gewöhnt, nach dem dritten Advent die gute Stube nur in gebückter Haltung zu betreten. Die Alternative wäre ein Altbau mit hohen Decken. Aber ich hoffe auf eine biologische Lösung des Problems, im Alter soll man ja schrumpfen. Allerdings stoße ich, was die Dekorationsbereitschaft angeht, dieses Jahr endgültig an meine Grenzen, im wahrsten Sinne des Wortes. Wie gesagt, musste ich wegen der neuen Pinnwand meine komplette Weihnachtsschmucklogistik umstrukturieren. Das führte letztlich dazu, dass an der Deckenleuchte im kleinen Flur ein Metalltannenbaum mit eingesetztem Teelicht baumelt.

Seitlich dran vorbeischlängeln? Geht nicht, da stehen die Garderobenschränke. Also: Kopf einziehen! Das zu vergessen, ist im Wohnzimmer nicht schlimm. Wenn ich aber am späteren Abend versehentlich mit dem Kopf an den Deckenleuchtentannenbaum im Flur stoße, ergießt sich das nun vollständig verflüssigte Wachs über mich wie im Märchen Frau Holle das Pech über die Pechmarie. Und das wird jetzt jedes Jahr so laufen.

Glücklicherweise ist mir vor kurzem eine geradezu geniale Lösung eingefallen: In diesem Jahr werde ich pünktlich zum ersten Advent meine Wohnung den Nikoläusen, Engeln und Weihnachtsfröschen überlassen und wie die anderen Rentner auch zum Überwintern nach Mallorca fliegen. Zu Mariä Lichtmess komme ich zurück nach Hause, um den gesamten Weihnachtsschmuck in die fünf Kisten zu packen und in den Keller zu tragen.

Und dann?

Na klar, dann installiere ich die Osterdeko!

Heiligabend in Soest

Ein Soester fuhr, es eilig habend,
noch in den Forst am Heiligabend.
Ein Tannenbäumchen wollt' er fällen,
die Weihnachtsstube zu erhellen.

Den Wagen vor der Stadt geparkt,
nur schnell noch auf den Weihnachtsmarkt,
was Schönes für die Frau zu kaufen,
doch dabei hat er sich verlaufen,
pausiert' an einem Glühweinstand,
wo ihn Elfriede spät erst fand.

Da stand er, sich am Weine labend,
weder Geschenk noch Tanne habend.
und das am heil'gen Weihnachtsabend.

Die stille Nacht ward nicht mehr still,
Elfriedes Stimme keifte schrill:
So süß kann nie ein Glöcklein klingen
wie Erwin hört' sein Englein singen!

Gedanken am Tag vor Silvester

Das Herz hat nicht nur Herzenswünsche,
nein, es kennt auch Herzeleid!
Doch die anderen »Regiönen«
hört man noch viel lauter stöhnen.

Denkt er an das Büfett von morgen,
macht sich mein Magen mächtig Sorgen,
auch dem Dünn- und dicken Darm
wird's bei dem Gedanken warm.

Die Galle hat als Herzenswunsch
ein heißes Glas Silvesterpunsch,
wohingegen meine Nieren
nach eisgekühltem Schampus gieren.

Das Auge lechzt nach grellen Farben,
musste schon so lange darben.
Bei Böllern, Feuerwerk und Krach
werden meine Ohren schwach.

Mein Stimmband? – klar – ist mit dabei
beim allgemeinen Wehgeschrei.

Nur das Knie
beschwert sich nie.

Der dreizehnte Monat

In der Zeit zwischen Weihnachten und Silvester liegt der dreizehnte Monat verborgen, ein ganz besonderer Monat, denn ihn gibt es nur für diejenigen, die bereit sind, ihn einzulassen, sich auf ihn einzulassen.

Für viele andere sind es Brückentage, die Möglichkeit, mit viereinhalb Urlaubstagen mindestens acht freie Tage am Stück rauszuholen. Mit ganz viel Glück, wenn der Heiligabend auf einen Donnerstag fällt, sogar elf freie Tage – Zeit, den Weihnachtsbraten zu verdauen, den Keller aufzuräumen und die liegengebliebenen Familienstreitigkeiten aus dem letzten Jahr nachzuholen. Aber für mich fühlt es sich an wie ein ganzer Monat, mein dreizehnter Monat.

Bei uns im Münsterland nennt man die Zeit zwischen Weihnachten und Dreikönigstag *Kokedage*. Früher war das die Zeit, in der fast alle Arbeit ruhte und keine Wäsche gewaschen werden durfte, in der Knechte und Mägde auf den elterlichen Hof heimkehrten und *Koke* – Neujahrshörnchen – aßen, die in guten Jahren sogar mit Schlagsahne gefüllt wurden.

In meinem dreizehnten Monat gehen die Uhren langsamer, viel langsamer sogar. Wer möchte, kann sie anhalten und einen Moment, eine Minute, eine Stunde, einen Tag lang die Meisen und vielleicht auch einen Dompfaff oder ein Rotkehlchen beobachten, wie sie voller Freude das Futter im Vogelhaus entdecken, mit kritischem Blick und trotzdem schnell die besten Körner herauspicken. Aufflattern, auf der Brüstung kurz innehalten, einen Blick zurückwerfen: Wie viele andere, vielleicht stärkere Vögel sind da? Wird das Mahl für alle reichen? Sollte man sich vielleicht erst selber richtig satt fressen? Aber nein, im dreizehnten Monat nicht, da lädt man Gäste ein. Sie ziehen also los, zwitschern die frohe Kunde einmal durch die Nachbarschaft, kehren mit nahen und entfernten Verwandten und auch mit dem griesgrämigen Nestnachbarn zurück, der immer mault, wenn die Meisenkinder mal wieder in der Mittagszeit einen Flugwettbewerb im Slalom veranstalten – im dreizehnten Monat darf man niemanden ausschließen! Kaum ist der Balkon in Sicht, beginnt mit großem Gezeter der Kampf um die Logenplätze; sie schimpfen, stieben auf und nieder, picken und schlucken, aber wenn etwa eine Amsel auf der Bildfläche erscheint – welch eine Dreistigkeit! – rotten sich die Meisen zusammen, vertreiben den Eindringling mit vereinten Kräften, picken und streiten weiter.

Irgendwann setzt das Ticken der Uhr ein, langsam erst und leise, dann lauter, schneller, und ich blicke zur Uhr, und der erste Tag des dreizehnten Monats ist vorbei, aber es sind ja noch so viele. Am zweiten Tag öffne ich ein Weihnachtspäckchen oder einen Brief, und der nächste Tag beginnt; ich beantworte den Brief, und am nächsten Tag kommt Besuch und wir spielen vierhändig die alten Lieder auf dem Klavier. Wir gehen zur Möhne herunter, vielleicht liegt Schnee, unberührter, frischer Schnee, und ich lasse mich rückwärts hineinfallen und mache einen Schneeadler, den größten und prächtigsten, den ich je gemacht habe. Ich wandere mit Freunden in Soest von einer Kirche zur nächsten und besuche die Krippen und zünde eine Kerze an, und immer noch ist Zeit. Immer noch packe ich Geschenke aus, jeden Tag eines, damit die Freude ganz lange hält. Ich lese, sehe den Film *Ist das Leben nicht schön?* mit James Stewart und dem Engel Clarence, der sich seine Flügel noch verdienen muss – ich habe ihn schon vierzig Mal gesehen –, ich höre Musik, besuche Freunde und Verwandte, werde besucht, koche und werde bekocht, esse Rindfleischsuppe, Rouladen und Senfsoße, nehme die vielen schönen Momente, die ganze

Wärme dieser besonderen Zeit genüsslich in mich auf.

Dann kommt der Neujahrstag, elf Uhr morgens, der Zeitpunkt, an dem in meiner Familie der traditionelle erste Streit des neuen Jahres begann: Neujahrskonzert oder Ohnsorgtheater? Alle Jahre wieder verlor meine Mutter in einer Sippe von Kulturbanausen. Ich gucke in alte Fotoalben und bin ein bisschen wehmütig, ich telefoniere, wünsche: »Glückseligs Niejohr – Glückseliges Neues Jahr!«. Jetzt beginnen die letzten magischen Tage des dreizehnten Monats, gerade noch Zeit für ein Vollbad, Telefonieren und Lesen in der Wanne. Ich wandere durch die Wohnung und nehme Abschied vom letzten Jahr, von Weihnachten, von meinem dreizehnten Monat.

Noch eine letzte Nacht, dann ist zweiter Januar. In den Schaufenstern liegen Karnevalskostüme und Fitnessartikel für die vielen guten Vorsätze. Ich gehe in mein Arbeitszimmer, setze mich an den Schreibtisch und öffne die Mappe mit den Belegen für die Steuererklärung – und lege sie zurück in die Schublade, gehe ins Wohnzimmer und setze mich ans Klavier.

Das neue Jahr ist ja noch lang.

Danksagung

Schreiben sei eine einsame Angelegenheit, sagen viele.
– Ganz im Gegenteil!

Ich bedanke mich herzlich
bei meiner Mentorin Bettina Jungblut, Werkstattleiterin und
Schreibtrainerin, für ihr unermüdliches Engagement und für
viele inspirierende Impulse,
bei meinen Erstleserinnen Holle-Dore Gill, Susanne Kammler,
Birgit Schneider und Monika Schreckenberg für ihre wohlwol-
lende und konstruktive Kritik,
bei Betina Hebinck für Umschlaggestaltung und Layout,
beim Kulturverein Möhnesee e. V. für die Förderung meiner
Lesungen im Stockebrandhaus und die Herausgabe dieses
Buches,
bei Thomas Brüggestraße für den Titel zum Kapitel 6: »Warum
einfach ...?«
und natürlich bei meiner Familie und den vielen anderen,
die mir mehr oder weniger freiwillig seit Jahren den Stoff für
Geschichten, Gedichte und Glossen liefern.

Zeitfracht Medien GmbH
Ferdinand-Jühlke-Straße 7
99095 Erfurt, Deutschland
produktsicherheit@kolibri360.de